Chic 嬉・生活 011

最西・
新疆記憶
Xinjiang

高寶書版集團

最西・新疆記憶

一.前言

一塊佔了中國六分之一的西域疆土，可以充滿多少想像？歐陽峰說：「我只是想知道，沙漠的後面是甚麼？」

我也想知道。

2005年9月初，從最東到最西，我去體會如童話般的北疆初秋，以及靠太陽最近的南疆帕米爾高原。

15天內，塞外行過萬里。告訴你，朋友，在沙漠的後面，我知道了甚麼是草原無盡的無盡，見識了沙漠天空藍的藍，寧願眼睛被沙山細緻的稜角割傷，倒臥在世界屋脊的冰山碧湖旁，用強烈的紫外線梳理獨孤的身影。

喀什老城區遇見的維族天使們，成千綻放的笑容依稀在召喚，讓我將最西的美好，分享給你。

二. 行止 初秋 | 北疆 | 南疆

喀納斯湖山坡秋色初展

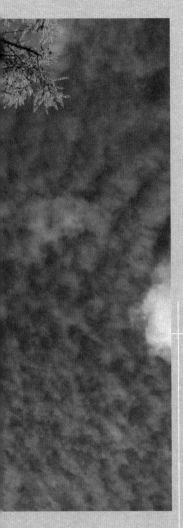

初秋

他們說，再過10天，大片的紅與黃，才是北疆最美的時分。但我猜，無論哪天哪時到，總有甚麼在那裡等著。

上弦月的盈滿，就叫上弦月。青黃是有的，但沒有不接。我來，盛滿了眼界與感受；我走，又一層的變幻正要開始。

我說，這次，這樣就夠了。

胡楊，長於沙漠，耐旱。自古即說胡楊「生而不死一千年，死而不倒一千年，倒而不朽一千年」。2002年開始，每年十月，南疆的輪台縣舉辦塔里木胡楊節，裡頭的重頭戲是攝影大賽，屬於深秋的絕對金黃，是沙漠中最教人動容的活化石。

喀納斯山區穿著綠衣雨季後，開始泛黃

初秋的確定，是一片由綠轉黃或轉橙的樹葉，然後兩片、三片、四片……遍紅的那片落下，明天，還有更紅的一片會落下。

林葉使勁的黃吧、紅吧，努力的理由，不必是為了滿足旅人的眼，是因著天命。

初秋

　　初秋走入喀納斯湖邊的森林，由於燦爛的風華，
陽光說：「寧駐青黃一株，勝過綠樹千畝」。
　　湖邊的枯木說：「我非<u>胡楊</u>，倒下不朽不必一千
年。側枕一季的青黃，來年不必有我」。

喀納斯圖瓦新村一隅

初秋

最西初秋的穿著大致是這樣：天空穿著
一身藍，低密度地印著白雲；草原穿著
綠衣兩季後，開始泛黃；雪嶺雲杉一身
蔥綠，但跟在後頭的白樺樹林，可能整
片鵝黃，一陣風吹來，沙沙作響，讓馬
客沐浴在千片葉落中；至於旅行的人，
白天短衣薄衫，晚上稍涼得添外衣。

這個時節，看見最西的甚麼？

趕時節的，北疆，彩色，是白哈巴村四
周山頭的容顏。樹與樹靠得很近，右邊
秋黃的樹看著左邊的綠樹，有時以為是
自己；但顏色實在分明，相似的，只是
一同迎接這個秋天；對，是迎接，沒有
擁有。等十月大雪封山後，大家都一樣
，只讓白了頭。

白樺樹林，可能整片鵝黃，一陣風吹來，沙沙作響

來到吉力湖邊，一片靜謐無聲，天鵝已在八
月走遠，還留在那邊的，只有枯黃蘆葦。天
山東路，吐魯番葡萄溝南北八公里，茂密的
葡萄葉中，只有幾串果實垂掛。在南疆帕
米爾高原，雪山下的青稞田走向金黃；海拔
三千五百米的喀拉庫里湖前，柯爾克孜人的
氈房還沒撤去，喀湖水色，還隨太陽位置一
日三變著。

最西的孩童

再說些不變的：孩童，維吾爾的、哈薩克的、圖瓦的、塔吉克的，在烏魯木齊城市巷弄、在喀什高台民居、在吐魯番高昌故城、在喀納斯山區、在烏帕爾鄉巴扎、在塔縣石頭城笑鬧著；鴿子，在喀什老城區日復一日起飛、降落；帕米爾七千米冰山座座，不畏蔥嶺一日九日出，四季猶白著頭；新疆秋冬春夏，流轉更迭著。

最西太饒，初秋來到這裡，領略了幾道時節味，留下更多的未嚐。最西太大，短期的旅程望不盡，行止到不了每一個夢繫的地方。罷了，留給往後的拜訪。

初秋

喀拉庫里湖前，柯爾克孜人的氈房

海拔7546米的冰山之父，慕士塔格峰

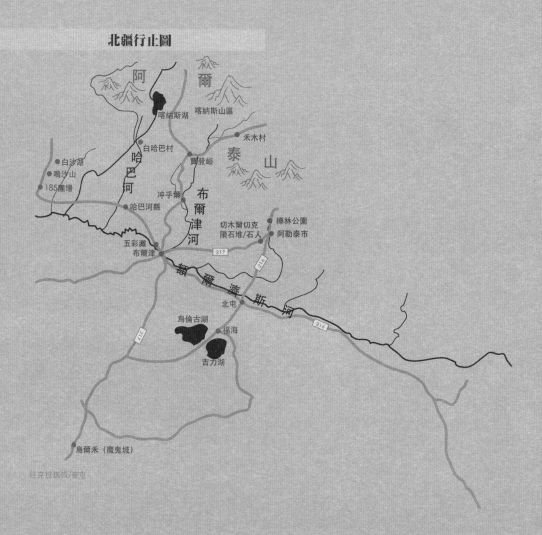

北疆行止圖

阿爾
阿
爾
泰
山

喀納斯湖
喀納斯山區
禾木村
白哈巴村
白沙湖
鳴沙山
哈巴河
寶登嶺
185團場
沖乎爾
布爾津河
哈巴河縣
切木爾切克
隕石堆/石人
樺林公園
阿勒泰市
五彩灘
布爾津
額爾濟斯河
217
216

北屯

烏倫古湖
福海
216
217
吉力湖

烏爾禾（魔鬼城）

往克拉瑪依/奎屯

帕米爾行止圖

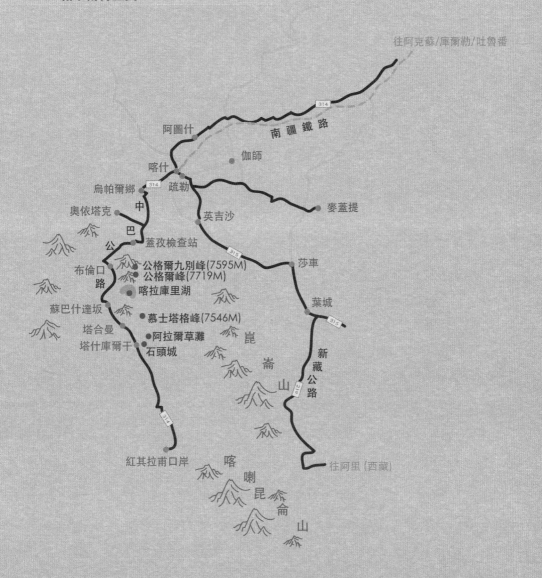

往阿克蘇/庫爾勒/吐魯番

阿圖什

[314]

南疆鐵路

伽師

喀什

烏帕爾鄉 [314] 疏勒

奧依塔克

中

英吉沙

麥蓋提

巴

蓋孜檢查站

[315]

公

莎車

路

布倫口

公格爾九別峰(7595M)
公格爾峰(7719M)

葉城

喀拉庫里湖

[315]

蘇巴什達坂

慕士塔格峰(7546M)

塔合曼

阿拉爾草灘

崑

新藏公路

塔什庫爾干

石頭城

[219]

崙

山

[314]

紅其拉甫口岸

喀

往阿里(西藏)

喇

昆

崙

山

北疆

一條陽光舖成的大道，往西、往西、再往西，向北、向北、再向北。縱切過草原，盤上了山頭，經過了哈薩克、圖瓦、塔吉克人家，今天的終點是驛站，明天的終點是後天。

而在流浪終點等著的，會是出發時牽掛的那顆心嗎？

我自忖的同時，腳步早已邁出。

才剛生火燒灶的維族餐館

9月2日晴，第一天

早晨8:30，搭上台北往澳門的飛機，而後深圳，而後成都，待機加延遲，晚上12:30，終於步出烏魯木齊機場。還有甚麼樣更好的飛行安排，可以讓旅人體會中國最西的遙遠？

照一般，從台北到烏魯木齊，頂多中轉兩趟飛機，這次會戲劇性地中轉三趟，是因為原澳門到成都的班機取消，航空公司負責地幫我與同事三人完成接續換程作業。雖然是多轉一站深圳，但領略了另一家航空公司的優良服務，中間空檔，還有時間可以在深圳機場與友人碰上一面。心下輕鬆，哪裡不能遊覽？逛未曾造訪的機場，也是一樂。

深圳飛成都，下午時分，晴朗高空中雲築的城堡一座座，異常精采。

Jason、Winard、我，三人深夜抵烏魯木齊，與稍早從西安飛來的Tony、Steven，以及接機的譚師傅、李師傅，一起在機場會合了。

9月3日晴，第二天

一早去另一家酒店接未曾謀面的Helen與Kathy。約9點從烏市中心出發，上312國道前，在市郊路旁，走進一家才剛生火燒灶的維族餐館，我們從早餐中，初嚐北京時間新疆作息的真意。

額爾濟斯長河落日

中國最西的新疆，太陽最晚升起，最晚落下。所以，雖然新疆一樣用著北京時間，但作息比中原要推遲2、3個小時。舉在喀什看到的電話公司營業時間為例，夏季時，9:30~13:30與16:00~19:30；冬季時，10:00~14:00與15:30~19:00。午休時間太陽恁大，比中原典型的12:00~13:30午休時段明顯要晚。

312國道，東起江蘇連雲港，至烏魯木齊，已行過四千多公里，更西，至伊犁霍爾果斯口岸，隔鄰，即是哈薩克斯坦。繼續沿著這條歐亞陸橋跨國前行，最西，到達荷蘭的鹿特丹，全長一萬零八百公里。是旅人，誰能不嚮往？

北疆，是今天掛在口上唯一的方向；布爾津，是今晚的驛站。從烏市到布爾津，先走高速的312國道，一路往西，經過呼圖壁、瑪納斯、石河子、安集海，沿途可見白色點點的棉花田，即將在農曆八月底盛開，田上有老鷹盤旋著，田裡有人勞動著。車上充滿著搖滾風的新疆民歌，到新興城市奎屯北轉217國道。

一路北上，217國道好一段、修一段，因石油而起的城市克拉瑪依南北，黃色、紅色的採油機在公路旁成百成排規矩地磕著頭。烏爾禾魔鬼城的雅丹地形崢嶸，一片曠野，千萬迷情。

這就是塞外，這就是西域，陽光從來不會忘記照耀阿勒泰廣闊的草原。往前看、往後看，路上行舟茫茫，遠處的山丘，天上的浮雲，一路在悠悠藍天下相伴。

趕對了時，在布爾津橋上領略額爾濟斯的長河落日。一層層的落日光圈，漸縮、漸縮、漸縮，最後緊捲成一團火紅的光芒。一天精采的日光時間流轉，也作如是觀。

夜晚，啜飲泡沫綿密，味道獨特的俄羅斯老太太格瓦斯（Kwass）啤酒，而後歇息。

旅人手臂伸直，手臂上的老鷹振翅難飛

9月4日晴，第三天

進喀納斯，北疆秋色的代表性地區。布爾津到買登峪一段，從草原切過，哈薩克放牧點氈房，孩童、家犬、綿羊；過沖乎爾鄉後，開始盤坡，養鷹人家前清溪沁涼，邊坡樹單草淺，旅人手臂伸直，手臂上的老鷹振翅難飛，草原上，原來人最自由；買登峪到喀納斯湖一段，過臥龍灣、月亮灣、神仙灣，灣灣水色如凝脂璧玉般淺藍。

在喀納斯邊防派出所耽擱一些時候，等待邊防通行的申核，而後趕赴號稱「西北第一村」的白哈巴村，那是一個寧靜午後，我們闖入民居，做意外的家訪，接受一位被子孫環伺的圖瓦老奶奶招待。「西北第一哨」，面對哈薩克斯坦的衛戍，只剩公里之遙。夜晚，無垠星空，圖瓦新村民宿木椿圍牆外有夜語，正合了鄭板橋詩云：「二三星斗胸前落，十萬峰巒腳底青」。

月亮灣・水色如凝脂璧玉

9月5日晴，第四天

摸黑早攀觀魚亭，喀納斯湖六道彎瞧不盡。早餐後再到對岸沿走喀納斯湖第一道彎，走近湖水不玩湖水，觀魚亭上看的，現在走著，從湖邊再看觀魚亭，只是哈拉開特山上的一點。雖只一點，位置對了，也可負氣象萬千。

午後備好馬，騎了上山。馬伕口響漬漬，催馬小跑，馬客口響漬漬，馬兒律動不擾，步步安車，我們是跑不動的草原遊俠。喀納斯山區開闊好風光，牧場處處，草坪處處，過雙湖、千湖，一路均未下馬，天黑了許久，才抵小湖旁的哈薩克氈房，時已過22點。

白哈巴村子孫環伺的圖瓦老奶奶

哈拉開特山頭的觀魚亭

走近喀納斯湖

9月6日晴，第五天

告別小湖上空的雲舞，繼續上馬。是下山的走勢，少了開闊，多了崎嶇，曾狹路會馬，要往禾木。中途在哈薩克三姐妹經營的野店午餐，由情聖Jason買單。

遇一片純然秋黃的白樺樹林，一陣風吹，策馬從沙沙飛舞的黃葉中走過，我是行者，嘗到深深的行意。

在村坡端詳禾木，這時辰遇不到知名的日出，但終究還是寧靜一村的代表。到了，民宿的芬蘭浴，燒石澆水滋滋升起的白煙，騎馬的疲勞，隨蒸氣揮發。頭伸出臨河的窗外，與空氣碰觸，清涼無比，而身體，還暖暖的呆在浴屋裡。

北疆

9月7日陰雨，第六天

昨晚下的雨不歇，獨自一人早起，看日出不成。早餐後再上馬，告別萬人迷的哈薩克少女。禾木到買登峪，沿途喀納斯河水還是一色地凝脂。騎馬安步，從呈八字形自動分開的羊群中穿越，我不是牧羊人，卻有一刻的牧羊心。

「李師傅，想煞您的金杯了！」騎馬不過癮的我們說著，師傅在買登峪迎著。下山遇見一道雨後的彩虹，像大門，跨過了公路，說著神奇。

過布爾津，逛過額爾濟斯河畔的五彩灘，往哈巴河縣投宿去。

野店午餐．情聖買單

鄰河而蓋的禾木民宿芬蘭浴屋

27

9月8日晴，第七天

聽著團場的故事，男士兵與女知青被安排的那種，一路往哈薩克斯坦邊界的185團場前進。西北第一有很多，第一連也是其中一種。錯過了往白沙湖的岔路，偶遇一片白樺林，抬頭看完全沒有轉黃的青翠，低頭看水草綠得貴氣，但事實上，卻只是路邊野地的那種。

徒步橫渡兩公里沙漠，撥開蘆葦，外邊烈日當空，湖邊沁涼寧靜的一刻鐘。寶藍的湖光倒影，白沙湖是沙漠裡的傳奇。

鳴沙山的稜線細緻異常，頂尖兒就是一粒沙的寬度。留下的腳印排了漂亮一列，但一天風吻過後，不是抹平，回復自然的波紋。沙漠橫渡，一場純粹的結束。

白沙湖寶藍湖光，沙漠裡的傳奇

北疆

偶遇一片白樺林，水草綠得貴氣

是時候了，車上的離情，是由大夥為Helen與Kathy打電話查北疆各處往伊犁大巴班次開始累積的。哈巴河縣、布爾津、北屯、阿勒泰。

想多留她倆一會，終究得在布爾津告別，她們要經奎屯往伊犁，除了祝福，還約定兩天後烏市再見，但那也只是另一場別離的開始。

我一直記得，那天大大紅紅的夕陽，掛在西地平線的那頭，背對著公路電影的經典畫面，我們從布爾津往阿勒泰市，疾馳在217國道，旅伴剛離去的空虛一絲，燃燒不盡。

路過切木爾切克的隕石堆，舉起榔頭，狠狠敲打便是。

鳴沙山稜線細緻異常

9月9日晴，第八天

早起，與阿勒泰城市居民呼吸同一座樺林公園的空氣。後經農機重鎮北屯、粉藍粉綠吉力湖，折上217國道，正式離開阿勒泰地區，800公里一日奔，途經烏爾禾、克拉瑪依、奎屯，回轉烏魯木齊。217國道近克拉瑪依，有一地名「九公里」。15公里、13公里、10公里、7公里……，慢慢靠近，九公里。

一地名喚九公里

9月10日晴，第九天

清晨六點，從酒店窗戶看下去，克拉瑪依東路的路燈昏黃未熄。李師傅接了我們去國際大巴扎逛早市，待師傅驗車完，接了我們往吐魯番一日遊去。

312國道，這回往東，途經王洛賓的達坂城，只見牌樓與城牆，不見辮子長的姑娘。城外見成百的風車群，風轉風車動，電力從這邊出發。

進吐魯番，窪地昨日下了一場雨，今日氣溫只有30來度，非常好。訪高昌故城，只剩坏坏黃土。時節不對，葡萄溝葡萄葉多果無。火焰山脈綿延100多公里，何必執著最佳攝影點那一角？朝柏孜克里克千佛洞走，前方迷有精采。

去時清明，返經達坂城，夕陽已經點燃整片天空，不是餘暉，是一天將盡，落日一古腦的馬力全開。Tony說，這是完美的落幕，我欣然同意。

晚上依約與從西疆歸來的Helen、Kathy小聚，亦為重逢，亦為別離。

北疆

9月11日晴，第十天

清晨六、七點，Steven、Jason、Winard分批離去，都要飛返台北。我等Tony整理好行李，一起到酒店隔壁吃早餐。在克拉瑪依東路告別最後這位旅伴，最好的朋友。終於只剩我一人，將獨走南疆。

頭髮張揚，鬍子不刮，臉曬黑了，但還不到最黑的時候。十天過去，北疆旅程終止，滄桑仍嫌不足。朋友都走了，兩天後在喀什接到Tony的電話：「烏市道別的時候，在車上看著你漸遠的身影，就在猜你一個人當時在想些甚麼？」

哈，摯友，我懷著悲傷一點，更多的是對獨行南疆的想像。現在就開始，一人逛深圳城新華書店、一人搭轉兩路公交車去火車站。一列烏市往喀什的N946快車，東行吐魯番後，掉頭一路向西，準點23小時可到。景長單調，於日落後沉沉入眠。

火焰山綿延100多公里，前方还有精采

中巴公路帕米爾初秋

南疆

離去的那天清晨，在街頭遇見早上的烏魯
木齊晚報，彩版訴說著已經告別十日的喀
納斯消息：中秋過後，深秋不停來。

由東邊走到最西的朋友，何時再來？

9月12日晴/雨，第十一天

原來硬臥也很好眠。N946是雙層列車，昨天下午準15:51從烏魯木齊開出，
我的臥位在10車下層19號下舖。19號室在這10車的最前頭，旁邊就是可上
下的樓梯。這號室入口簡單，非常好，臥位只有單排上下兩個，不像其他號
室，一般會有雙排六個。更好的是，遇到曾在喀什度過 19個年歲的室友，
曉瑩，聊得暢快，熱心的她，還介紹了喀什的老同學幫我安排住宿、地陪一
程。

10車上，有幾個維族的小孩，大大圓圓的眼睛，光頭的、戴花帽的，很是可
愛，時而安靜，時而上下層追逐。通常，這些天使，就是維、漢大人們同室
聊天的起點與焦點。一車的維、漢乘客，硬臥無門，在走道上站一會，不用
太仔細傾聽，就不難察覺漢族擅喜高談闊論，而維族大部分時刻，則傾向安
靜，即使交談，也是壓低聲音。

新疆

「小伙子，把那圓圓的日出給拍起來」，日出時分，走道上我拿著相機，在走道壁椅坐著的大叔喊我。「不好拍，大……叔」。

倒是維族小花帽夏熱帕，先是自然揉眼，而後在媽媽指導之下，擺了微笑、歪頭、吐舌的姿態，在晨光穿透的走道邊，留下幾幅童真的模樣。

對照著烏市買來的新疆交通圖冊，在札記本畫出：

烏市→（236）吐魯番→（380）庫爾勒→（541）阿克蘇→（442）阿圖什→（34）喀什

維族小花帽夏熱帕晨起揉眼

絲路中道，公路里程全長1633公里，而鐵路大致是跟這些串聯的公路平行的，火車以平均70公里的時速前進著。阿克蘇到了，曉瑩此行出差，下車即開工，臨走前，至性盛情，留了內蒙製的香酥饟片、西域春牛奶、梨、蘋果給我，說是難得遇到台灣同胞，相談愉快。

欣然接受，足不出室，也就是一餐了。

N946雙層列車

火車準點15:00到，走出喀什火車站，陳師傅夫婦兩人已經舉著寫我姓氏的牌子等著，領我去維族餐館午餐。陳師傅說：「初來乍到，喝了這碗酸湯，可解水土不服。喝完它，我們就朝帕米爾出發。」一碗由辣椒、青椒、紅椒、洋蔥熬煮的酸湯，滋味真是不錯，也解了幾串烤羊肉的膩。

從喀什出發，往西南走314國道中巴公路段，進山前，沿途見朝天楊、棉花田、玉米田。今天西曆是週一，卻是路程中烏帕爾鄉的回曆週日，下車逛鄉下巴扎，原味十足，迥異城市的那種。烏帕爾鄉另有一事值得說，此地的阿孜克村，正是《突厥語大詞典》作者馬赫穆德·喀什噶里的家鄉與長眠地。

剛重新上路，天就下起雨來。

「我來了這七、八年了，從沒見過這時節下過這樣的雨，河水漲成這樣。前方已經兩個多小時沒有車子過來，肯定是山壁坍塌，路堵了。」車子停在古絲路奧依塔克景區旅遊招待站，躲一場午後的暴雨，帥氣的小夥子說。裸體紅山一座座，落雨成紅流，有些心驚，但又有些熟悉，陳師傅也說從沒見過雨會下到造成這樣大影響的，但我可是來自對土石流景象不陌生的台灣。

還有誰運氣比我好？別人花七、八年才看到的，我不消一下午的時間就輕鬆可得。老天，我可是還有路要趕。帕米爾高原上的冰山，能在今天與我相遇嗎？

還沒到蓋孜檢查站，已經看到有人拿著鏟子試圖幫陷入泥淖的車子解圍，雨還是沒停。我轉頭對陳師傅說：「師傅，回吧，今日無緣進山，明日再試。」今天只前進約100公里，蓋孜峽谷還未見，但至少還有路可退，心下坦然。

回到喀什市區，天已黑，投宿後，躲去油膩，外頭買了桃子、葡萄當晚餐。

冰山雪線，清晰可見

9月13日晴，第十二天

早上8點天未亮，陳師傅就來接我吃早點，漢族早市，兩個人燒餅、油條、豆漿，吃得飽飽，結帳2元人民幣，再帶上幾個花捲當點心。

昨天的路，再走一趟，晨霧散去，沒有吟唱。兩個人，一輛捷達車，陽光高照，遠遠的，冰山雪線，清晰可見。只能說，天氣，上天自有安排。

阿克陶縣早起的牛羊，在晨光中也有出發，走去哪裡？牧人也自有安排。

過古絲路奧依塔克景區旅遊招待站，繼續直走，海拔3400米的塔什庫爾干，正在223公里外等我，今天一定要見。

蓋孜檢查站的軍官看了一眼我攤開的台胞證，登記也無，微笑即讓過。

老虎嘴山崢獰、布倫口陰風吹、沙山沙湖細緻如綿，生人不該走近。雲層還未開，公格爾九別峰，伴著公格爾峰、慕士塔格峰，成了世界屋脊上的三頂桂冠。

原本想像的達坂，應該是險峻萬分的山口，想不到海拔4100米的蘇巴什達坂，竟已被鏟成平坦一片。關卡在，關防不在，悄然渡過。達坂後的高原風景，更形開闊，地勢平坦的高海拔草甸，遠端襯著白頭冰山兩三座，犛牛、青稞、驕陽。

約15:30，抵達塔什庫爾干，先繞到縣城後方，從阿拉爾草灘這端看石頭城，踮想昔日朅盤陀國巍巍峨峨的模樣。

夢想的最西終點，該是還在125公里之遙，與巴基斯坦交界的紅其拉甫口岸，正值修路時期，從塔縣來回，恐得耗去一天時間，昨日已被大雨山洪耽擱一天，而後續行程又已定，只好放棄，且當下次再上帕米爾的一個理由。

讓陳師傅在縣城招待午餐，飯後即回。回程再經喀拉庫里湖，日露雲開，冰川之父慕士塔格峰，壯麗身影，一覽無遺。

回到喀什，萬家燈火已燃，月亮半圓，中秋不遠，我還在塞外他鄉。

沙山沙湖細緻如綿，生人不該走近

39

老城區晨間鴿子飛翔

9月14日晴，第十三天

昨晚換了一間賓館，高樓窗戶可覽喀什老城區全觀。看維族老城區早起的街坊聊天、年輕人放鴿飛行、鴿子對列飛翔的盤旋。早餐是三天前烏市買的小圓硬餅配即溶黑咖啡。

曉瑩的老友付兄約10點來接我，去香妃墓，看塚不如賞花。而後回市區，在人民西路郵電總局放我下車，終於把揣在身邊多日的明信片給寄了出去。

進郵電總局旁的書店買了王洛賓傳，被維族姑娘錯認為普通話流利的韓國人。走過工藝品一條街、進艾提尕爾清真寺。漫步老城區，買了個饢邊走邊啃當午餐，老城區巷弄間的孩童天真熱情，拍照搶得凶。

南疆

回賓館結帳、寄放背包。先沿人民東路走到
人民廣場，看鴿子在巨大的毛澤東招手雕像
上空飛翔。還是新疆的午休時間，艷陽高照
，在東湖對面的公園，坐在樹蔭下，隔著淺
水，望著高台民居出神。偶遇烏魯木齊新疆
藝術學院的白老師，為繪畫題材到新疆各地
攝影。聽他述說帕米爾高原上，幾條通往不
同國界路線的特色，還有關於創意的教育議
題。

我們互留連絡訊息後告別，他接下來要去趕
赴北疆喀納斯的金秋，而我，即將搭下午的
火車回返烏魯木齊，再兩天後，飛往北京。

告別白老，經高台民居，過吐曼河木陌橋，
到東門大巴扎。這時的觀光客稀疏，耳裡聽
的、眼睛看的、人比手互動著的，都是純粹
的異族色彩，彷彿置身中亞的哪國哪地。

回賓館取行李，自己打的去火車站，時間恰
好。往烏魯木齊的N948列車，準16:49從喀
什開出。

一樣是雙層列車，我的硬臥位在9車下層19
號下舖。本來以為同樣是下層19號室，會跟
N946一樣，臥位只有單排上下兩個，想不到
希望落空，這個室是6臥格局。

列車啟動後，6臥全員到齊，2維4漢，2女4
男的組合。N948這天從黃昏到深夜，伴著火
車隆隆前進的聲音，19號室上演一場維、漢
的文化大交流。

高台民居通往東門大巴扎的吐曼河木陌橋

9月15日晴，第十四天

N948準點16:00到烏魯木齊，一出車站，又被拉客的師傅誤認為韓國人，到底
是長相、鬍子、還是我戴維族鴨舌帽太奇怪？漢族師傅兩三位，一位接一位都
說我要投宿的地方不在民主路，硬是不載。乾脆攔了輛維族師傅的車，直接不
囉唆。

掌櫃的大姊夠爽氣，塞外不少見的那種，單人間房價是怎樣便怎樣，也非常明
瞭地說了明天去機場的各種方法與時間。

洗刷完畢，寫了明信片，為後續的北京行做些準備。先到隔壁中國銀行將美金
兌成人民幣，再去郵局寄信，找電信舖子買神州行充值卡。經過中山路、人民
廣場，買了一些CD、DVD。到新疆民街、二道橋，在夕陽西下黃金時分，捕捉
市集裡，在地生活的身影。「叔叔，來一張吧！」在人群中，一位維族少年說
著令我驚訝的標準普通話。那有甚麼問題？

隨意找家維族飯館晚餐，抓飯帶包子、餛飩酸湯。再訪國際大巴扎，去找5天前
買紀念品的店家，不再囉唆議價，直接就按上週六的成交價買賣。一樣找肖氏
姊妹花買化妝鏡，妹妹熱娜認出我後，狠K我背包一下，真是熱情有勁。

9月16日晴,第十五天

今天中午12:40的飛機往北京,就要離去,結束15天的最西之旅。早上8:40出門吃早餐,彷彿許久未嚐,漢式的那種,大肉(豬肉)小籠包一籠、豆漿一碗。

時間所剩無幾,依照爽氣大姊的建議,逛去小西門公園,還沒到紅山公園即返。這是怎麼回事?喀什東湖對面的公園裡有座摩天輪,烏市紅山公園裡也有一座,遠遠的就可瞧見。兩座長得幾乎一個模樣的摩天輪,也一樣乘客稀疏。最西的雙輪,比不過喀什高台民居黃土上的幾捆枯木 —— 更令人玩味。

10:30上出租車,40分鐘到機場,航班LED面板上剛開始雖然顯示班機提前,但那也只是誤會一場,之後廣播一再重複說著來機延誤,造成不便,敬請見諒。

喔,台灣的旅客注意了,我清楚聽到機場播音員字正腔圓地唸「喀」為「ㄎㄚ」,一聲喀,入境隨俗,所以請不要再唸「ㄎㄜˋ」。雖然微軟注音有這音這字,但新疆人還是會被我們搞得迷迷糊糊,或是覺得怪彆扭的。「喀什」、「喀納斯」、「喀拉庫里湖」,都是這樣的「喀」。另外,「喀」拉庫里湖也有人稱「卡」拉庫里湖。

還有,雖然不太清楚來由為何,但是,新疆人將「喀」唸為「哈」的,也所在多有。

喀什高台民居黃土上的幾捆枯木,比摩天輪還要令人玩味

三. 記憶

在布爾津橋上縱視東邊的額爾濟斯河，一波不興，整城落入暮的休靜

凝視

站立在魔鬼的門口，離地十公尺，男子抬
頭凝視雲的蜷捲，他感覺雲也有凝視，只
是不確定她凝視的方向。

有一條波紋不興的河，一旦凝視其上樹的
倒影三分鐘，那把為時間靜止編碼的金鑰
就會被找到。可惜，至今人類凝視的最高
紀錄，只維持在一分十二秒，而她，僅是
個五歲的孩童。

凝視，做一回看穿古今的嘗試。

烏爾禾魔鬼城

烏爾禾魔鬼城域，方圓10公里，這是一億年前恐龍的樂園，多少年後，那些曾經悠悠環繞的河流、豐盛的水草不見了。到今兒，縱使只剩地貌猙獰，也不得安寧，白天烈陽狂曬，夜晚陰風嘶吼，成就許多雅丹孤島。但那畢竟還是緊扣旅人心弦，日出或黃昏，金碧輝煌，偏教荒涼變奇壯。

烏爾禾魔鬼城一隅

雅丹地貌的成形主因有二：一是在此類地質基礎上，如湖相沉積地層，再行發育；二是外力的侵蝕，如沙漠中固定方向的狂風吹蝕或流水侵蝕。新疆幾處著名景點，如北疆古爾班通古特沙漠東邊的五彩灣與火燒山、沙漠西邊的烏爾禾魔鬼城、布爾津旁的五彩灘，南疆的羅布泊與古樓蘭一帶，都是這種地形的代表。

凝視

李安的「臥虎藏龍」、徐克的「七劍下天山」，均曾於烏爾禾魔鬼城取景。

一條如箭的黃沙路、射穿魔鬼的心臟

今天走入魔鬼城，李安、徐克劇組不在，沒有人、沒有物在迎接任何人的歸來。在一片雅丹岩丘前蹲下，端詳，你的眼光會拿捏出幾個宇宙來？

一條如箭的黃沙路，射穿魔鬼的心臟。前方沒有恐龍可供獵首，且有人類的想像可供憑弔。

遇到一匹馬,牠也對我凝視,眼神說著:
這裡不是我的家,旅人來到這裡的時候,
沒有風,我也沒有為你奔馳一場,所以揚
不起一點風沙。我隨鏡頭而凝視,就說是
朋友,太輕易;你走了,還有我留下。

凝視

額爾濟斯河 / 布爾津段

額爾濟斯河，是中國唯一流向北極冰洋的西向長河，進出喀納斯咽喉、北疆要地布爾津，額爾濟斯河，是必然的觸動。

在初秋落日時分，車子特意停在布爾津橋前，讓旅人步行過橋。

凝視東邊，一波不興，整城落入墨的休靜。過客帶來的旅情騷意，連樹葉一片也不能擾動；凝視西邊，「遠樹帶行客，孤城當落暉，吾謀適不用，勿謂知音稀」，<u>摩詰先生</u>，你一千二百五十年前見容的「長河落日圓」，我今日也看到了。

額爾濟斯若黃河，一向北，一向東，日落皆有圓。

一條長河，千里落日。如果水靜止了，日會停下沉入的腳步嗎？旅人縱使在水面上以突破音障的速度狂奔，亦不能抵禦光線的消褪。

日落額爾濟斯

額爾濟斯河與布爾津河交界處河面寬廣

王維（A.C. 701 - 761）字摩詰，太原祈人，號詩中之佛。「遠樹帶行客…」乃引其《送綦毋潛落第還鄉》詩中的末四句；而「大漠孤煙直，長河落日圓」，則出自詩《使至塞上》。據考據，同時可看到大漠孤煙和長河落日迷人景像的，可能就在寧夏中寧、中衛一帶。

阿勒泰大草原

北疆準噶爾盆地，東西長約1100公里，南北最寬800公里，邊緣環山，中間不是草原就是沙漠。來自大西洋的暖濕氣流，從西部山脈與東邊阿爾泰山間進入盆地，給了準噶爾優於其他盆地的植被條件。

旅人在南北向的217國道、布爾津往賈登峪的公路奔馳，往路旁一望，不難見著綿延在海拔1000米以下的大草原，甚至在海拔更高的地方，如喀納斯山區、阿爾泰山區，其中還是不乏地勢平坦的草美之地。這些，旅人都可稱是阿勒泰大草原的延綿。

馬鞭起落，凡我羔羊，聽我其號令

凝視

草原上的牧場，木柵圍個圈，羊兒就成圈

阿勒泰大草原上的遊牧人家，以哈薩克民族為主。千百年來，這個民族有著在春、夏、秋、冬季節交替中，逐牛羊轉換當令牧場的傳統。你若有幸見著浩大的羊群轉場場面，走動的白色毛絮，可以遮蓋大片的地表。

藍天翱翔的雄鷹，草原奔馳的駿馬，都是哈薩克的精神象徵。凝視草原上兩位哈薩克牧民的剽悍，策馬趕羊，掀起一陣風沙，馬鞭起落，凡其羔羊，聽其號令。

新疆人自豪說新疆羊好不腥騷，因為阿勒泰產的羊羔子，吃得草原上的珍貴野生藥材，喝得山區流淌而來的礦泉水，加上年年轉場行走千里，體實適腴。

氈房外小湖的天空，正上演著一場雲舞秀

凝視

喀納斯山區

氈房外小湖的天空，正上演著一場雲舞秀。馬已備妥，如果這山坳雲都不流連，還有甚麼值得我流連？不如這樣吧，雲兒跟我走。

山區廣闊的草原，無緣見到一群馬背上的哈薩克雄鷹疾馳而過，旅人一得一得策馬前進，這個出發，揚不起半點塵沙。

關乎季節。

下山的馬道旁，凝視高低起伏掛著的溪澗，水，翻過幾個山頭，一路沁涼了石。在冰封之前，看盡樹色彩的變換、花的榮枯，也幸好來得及看，初雪的飄落。

一棵秋天不上身的樹，孤立在小丘上，距離不遠的天上，恰巧掛著一朵雲。丘上的樹太專注，凝視季節的到來，看著丘腳下的草、樹已秋黃，竟還忘了對時節召喚的響應。

樹的豎，馬的歇，我在遠處，聞出馬伕的憂鬱，哈薩克的那種——在初秋沾染馬客攜來的，彷彿是春天的氣息，但到頭來，終究不是。

一棵秋天不上身的樹，孤立在小丘上

氈房跟蒙古包到底有何不同？我聽過的一種說法是，成吉思汗西征，軍隊的組成不只蒙古族，許多西域的少數民族，也加入行列，如哈薩克人。軍隊以蒙古族為正統，大軍紮營時，以蒙古包為中間大帳，門朝南開(此與中原漢族皇宮面南同義)。哈薩克等其他民族的氈房，則紮在偏旁，且門朝東開，以此辨尊卑。時至今日，蒙古人獨尊的風雲已過，但這門開方位的傳統，還是遺留了下來。

禾木村

騎馬自喀納斯山區走入禾木村的路程，如走入秋天的童話。禾木村住上一天，就能領略人世間，其實還有一角寧靜如天堂。

旅伴Kathy告訴我，這場黃昏雨後的禾木這場景，遠近三層的綠：深遠山、間白楊、近草茵，襯著地表一群古樸的木屋，就像我嚮往的滇北雨崩村一般。是真的嗎？2004年，我的雲南行止停在200公里外的中甸，雨崩村懸念未見。今日，竟得乍見雨崩？

凝視民宿哈薩克老奶奶那一雙眼，審視她額頭上的皺紋，過去與未來，人客兩不知。但曉，客來禾木一宿，妳在禾木一世。

禾木村住上一天，就能領略人世間，還有一角寧靜如天堂

凝視

詹姆斯‧希爾頓1933年寫下了
《消失的地平線》，歷經超過
半世紀的追查，雲南北邊臨藏
的香格里拉地區，梅里雪山中
海拔最高的雨崩村，僅20、30
戶的藏族草甸人家，就成了旅
人心中寧靜一村的代表。

禾木民宿雨後

禾木黃昏雨後，遠近三層綠

在喀納斯山區曬製中的風乾酸羊奶酪

況味

精神矍鑠的圖瓦老奶奶招我們進屋，給了 Steven 一塊乳白的酸羊奶酪，他嚐了一口，扒下一半給 Tony；Tony 接過後，也嚐了一口，又扒下一半給我；照例，我嚐了一口，又扒下一半，但那八分之一塊，不知要遞給誰？

眼光巡弋著，Jason 竟一個人吃完一整塊。要跟圖瓦成一家親，也不用這麼盛情吧？

況味，口舌嚐得，心眼亦嚐得。最西，百味中汲取各味細細，反覆咀嚼。

喀納斯湖畔

一面喀納斯湖六道彎，從第一道彎出發，就怎麼都走不完。清晨，我在哈拉開特山頂觀魚亭看這邊，中午，我在湖畔看山頂。兩看不徒然，盡是湖與湖畔的平靜與多變。

在山頂，將快門調慢，我偏要見黑白調的喀納斯湖光。凝視樹的翦影，梢上有些甚麼，沒有些甚麼，更加清明。

在湖畔，對著平平岸邊一截棧板，端詳許久。也許，等待一艘船的靠近，也許，什麼也不等待。對著離岸石，對著靠岸木，我來我呆看，不求湖中魚。

在觀魚亭看喀納斯湖六道彎，右前方隱隱處白冠的是中俄界山友誼峰（海拔4374米）

況味

哈拉開特山頂觀魚亭（海拔2030M）的存
在，引領人們對喀納斯變色湖水的眺望。
跨上1300級台階後，傳說中的奇遇包含
：雨後，你可能拜見七彩佛光；水中，你
可能會見一口咬掉半隻牛、馬的湖怪（一
說是巨型哲羅鮭，又稱大紅魚；一說是不
明的古代生物）。

喀納斯湖邊離岸石

晚上，離湖邊遠遠的圖瓦新
村民宿戶外，眾人皆已熟睡
，我跳跨過柵欄，仰頭，天
上的星群無數；呼吸，大口
的草原氣味。遠方，平靜；
此處，寧靜。問候，遙遠故
鄉的你。

喀納斯湖邊棧板一截

快門調慢，偏要見黑白調的喀納斯湖光

白哈巴村

彩色，是喀納斯往白哈巴村幾座大山秋季的容顏，山頭上，各種顏色的矮樹叢成片繽紛。再用雲來打點陰影，山腰以下的一片純林就不會太單調。

進到白哈巴村，更加確定，圖瓦民居的初秋，是由藍的(天)、白的(雲)、綠的(草)、黃的(樹)、原木的(屋頂)，還有成片的寧靜所構成。

圖瓦民居的屋頂木配得條理分明，旅人跟初秋面對面站著，想像冬雪，那時應該是純白一片，而雪白裡紅噗噗的，只有圖瓦老小的臉蛋。

進白哈巴村前，幾座大山頭上的各色矮樹叢成片繽紛

況味

白哈巴村圖瓦民居的屋頂木條理分明

一位圖瓦老奶奶，精神矍爍，聽得一
耳普通話，帶著一群孫兒，招呼一群
來客。奶茶與酸羊奶酪(奶疙瘩)，地
道的民居風味。

後來在喀納斯山區，小湖哈薩克氈房
前，再遇到製作中的風乾酸羊奶酪，
想起兩天前嚐過的那味，又彷彿遙
遠。因為遙遠，不必深究。在陽光下
，還有一塊塊粗曠的美。

圖瓦民居的初秋呈色

凝視山坡上「單一的存在」。一棵樹，幾坪草
、配秋瑟的山頭，剛剛好

況味

吐魯番

有水有火有佛的吐魯番，瀰漫兩千年的葡萄藤蔓，伴了多少王國的興衰，瞧了多少歷史的真偽。

水是坎兒井。在地下一方看打通的豎井，上方，日月輪流照耀；下方，雪水不止川流。黑暗與光亮的交接，非常純粹。在百里葡萄溝，這季節我遇不到鍾愛的樹上葡萄，但在坎兒井，巧見一串晶瑩剔透，不可方物。

火是火焰山。到底玄奘走過火焰山時，孫猴兒一道來了沒？故事裡，他向鐵扇公主借過巴蕉扇，大手一揮，火熄了，只剩一片龜裂的紅色大地。而那一塊塊火燒後的肌理，從唐朝執著到現在。

佛則遍地生花。火焰山東邊有柏孜克里克千佛洞，往南則是吐峪溝千佛洞，再往南偏西一點，在高昌故城的壘壘黃土中，土門形猶在，地上有洞。從這門出發，往前走，往下走，能否看到僧侶三千、玄奘踩背講經、續西行，國王曲文泰一送百里的離情、以及取經回來，故人故城已成涅灰的惆悵？

火焰山龜裂的紅色大地肌理

高昌故城壘壘黃土

在途 — 姑娘追

車子停在秋天的草原邊，表演姑娘追的女孩，輕騎靠了過來。哎喔，若是我騎上馬，姑娘妳會不會追上我後鞭下留情，然後跟我回家？

表演姑娘追的女孩

「姑娘追」為傳統哈薩克年輕男女認識的一種活動。在草原上，姑娘縱馬追逐，揮鞭往輕薄的男生身上招呼，若是姑娘著意，則會故意饒過男生。後續，兩人就可進行交往。

況味

在途 ─ 倔強羔羊

草原上，一頭被當作寵物的哈薩克羔羊
若有所思，問我：「為何人們總以我為
軟弱的代表？還說我愛迷途」。

原來，妳也一樣倔強。

在途 ─ 彩虹之門

結束喀納斯山區三天兩夜的騎馬行程，
從賈登峪出，回轉布爾津，曲折的之字
路下個沒完。雨停了，太陽出來，一拐
彎，一道彩虹，巧不巧，就掛在路的中
央。

你可以裝扮成馬背上的哈薩克，你可以
在沙漠遇見一匹等候的駱駝，你可以在
碧波的湖上划著舟，你可以悄聲靠近一
片白樺林，但告訴我，該如何安排路過
一座彩虹之門？

最高竿的旅行家也不能。

倔強但不迷途的羔羊

路過最高竿的旅行家也不能安排的彩虹之門

在途 — 單一

對於曠野中「單一的存在」，我幾乎是沒甚麼抵抗力的。

「單一的存在」，有時，就是一棵樹，無論秋天上不上身；有時，就是一片雲，不管走或不走有；有時，就是一個騎馬少年，不管心繫理想或放蕩；有時，則像淺草坡上神添一筆的橙紅秋樹，在曠野中，它還是個一，又或者，幾個「單一」，東一筆、西一筆，齊晾在那裡，也算。

布爾津、買登峪間，一戶養鷹人家前，細細的溪水淌過，冰清的水，也洗不白一蹋糊塗的藍與綠。在這兒凝視山坡上「單一的存在」。一棵樹，幾坪草，配秋瑟的山頭，剛剛好。

如果你是樹的種子，會希望被埋在這片山野的哪個角落？等待長大，最好距離剛好，可以凝視其他單一，成為另一個單一。

曠野中「單一的存在」

「單一的存在」，有時，就是一棵樹，
無論秋天上不上身

此樹說：在此佇立千年，看過旅人無數，
旅人的心，怎麼來去無法捉摸？

還有另外一棵樹，獨自佇立在喀納斯山區的坡。她說：「在此佇立千年，秋天雖然短促，變換得令，總能預料。但看過旅人無數，旅人的心，怎麼來去無法捉摸？」

多年前有少年經過，旅程艱辛但持盈雀躍，對著藍天烈日嘶吼他的國度，叫做理想；到達遠方後，卻一夜之間，萎靡蕭颯了清靈。

坡上的雲抑鬱同意，西風催促，即使只能虛虛的伴著樹，還是答應多留一刻鐘。

兩個斜影往稜線的最遠端移動，你倆可曾眺望到另一層風景

渡沙

航行在沙鋪成的海，從槳上撈取一粒沙，
任憑她說著故事：風的任性、草的韌性、
日的酷烈、月的圓缺、星的排列。

沒有妳，這一片沙漠還得橫渡，在最高最
亮的那波之後，旅人，走向深處，沙城，
還在何處。

我趴在地上，拍著一段寂寞的縣道

沙的橫渡，走得一場純粹。

從哈巴河縣城往西走，左轉朝185團場前進，今天的方向，是縣內的白沙湖與
鳴沙山，都在哈薩克斯坦的邊界。

白沙湖

先尋傳說中沙漠裡的一鏡湛藍。

一段寂寞的縣道，我整個人趴在地上，拍著路旁的蕭蕭落葉，身後傳來得得馬
蹄聲，一位老者行來。徐徐的不只是腳步，還有風骨；越陳，越香。

白沙湖的所在不在路旁，藏在一片樺林與林後沙漠中，約莫兩公里之遙。

如果沙漠只有沙，人們走進一
片塵黃，就少了許多渴望。渡
沙入口的樺林，似乎還抵抗著
季節的侵襲，依然大片的青青
綠綠。嘿，秋天，妳在那裡有
沒有很寂寞？面對這群青綠的
叛離，無能為力。

青綠群樹、沙漠孤樹、遠方沙
山，生命錯落的點綴，陪旅人
展開一段沙漠橫渡。

今天在沙漠裡雖然大小風兒都
沒遇見，但看著許多沙樹都偏
頭倒向一方，不難想像時而出
現的大風發號施令：「向左看
齊」。聽得雲跟樹都動作一致
了。

從哈巴河縣城往西走，左轉朝185團場前進

唯有用腳走過，才能得到沙的成千上萬祝福

划船用槳，渡沙用腳。我的夥伴，踩在晨醒的沙上，赤腳品評昨晚還沒有褪去的沁涼，穿越沙漠，只感到腳底的細緻，毫無熾熱。

夥伴們，用力的踩，不是西行的聖者，依然留下西行的腳步。沙樹說：「唯有用腳走過，在我蔭下停留，才能得到沙的成千上萬祝福。」對應的，是兩行吉普車印，它們除了無心，並沒有其餘的留下。

渡沙

寶藍的湖光倒影，遠處的沙
山，環湖的蘆葦，湖上的野
荷花，我們終於來到白沙湖
邊，這沙漠裡的傳奇。無風
，但空氣清涼，日照，但無
痛曬。

想像最西的冬天，這裡的雲
走了，藍天一抹的離愁，沉
入湖底，順便帶走岸邊的綠
，只有皚皚白雪的存在。怎
麼我想的，盡是別離？不
是、不是，這裡還住著今天
的寧靜。

坐在樹下，墊就著細緻的沙
，閉眼感受或睜目享受，天
地的舒服，誰也不想先說出
：走吧。

坐在白沙湖畔樹下，享受天地的舒
服，誰也不想先說出：走吧

75

鳴沙山

正中國西北。緊張的邊境、荷槍的士兵，都沒遇見；只有沙的鋪張，還有探索的人，其餘的，簡稱寧靜。

鳴沙山前，有一條河，被網隔著，網後，有一塊中哈界河碑，說這裡是鳴沙山地界。他把碑立在這裡，是了讓你知道何謂界線，但其實，國界不在這裡，在他心裡；國界不在這裡，不在你眼底。不信？去問河有關網的愚蠢。

要攀登這座鳴沙山，從縣道旁起算，還得走過數百公尺的沙漠。

足跡那裡都會有，對著眼前綿延在前方沙漠的這灘，只想：跟隨，還是自己走？

界河碑前，借問河有關網的愚蠢

就走在老王(Jason)後頭吧，任他開路。我們一起打遠方來，他走在前頭，我不是他的影，但尚亦步亦趨。紀錄關於沙的橫渡、山的攀爬、還有一路的有情。

幾個轉折後，不難看到鳴沙山。山背上，已經有幾個旅人遠遠地現成小點，看起來，絕對是正在奮力往上攀爬。人類明明這般渺小，為何總在攀登高峰後，激動地說自己萬能？

這最西北沙漠中，旺盛的生命力令人驚奇，一片橫長的亮草，黃的、白的昂首，站在此凝視，向北、向西，都是哈薩克斯坦。

我一路停停拍拍，老王已經上到25米高的鳴沙山頭，這山是家鄉絕對沒有的那種。

最西北沙漠中生命旺盛的亮草

77

如果沒有風，鳴沙山還能為我的夥伴表演些甚麼

沙山的遼闊，讓我在山下死命的喊：「老王～～ 回去囉。」其實是要把這個南國的好男兒騙下來。別忘忽了氣概，吆喝一句：「跟我再爬一次。」老王欣然同意。踩著傳說中的神仙微步，柔軟的沙山，足印成行，紀錄他步伐飛奔的飄忽。

Winard跟了上來，我故意放慢腳步，在他後頭摸索。我的夥伴，如果沒有風，鳴沙山還能為你表演甚麼？你走在前頭，已經為我做了最佳的演出。

只有腳印的交錯，沒有對話。我的夥伴，站在沙山的稜線上，你看到了甚麼？憶起了甚麼？還是思索著甚麼？

完美細緻的沙山稜線，看者的眼角會不會被割傷？稜線最遠端的那一顆沙，能不能撐起俗人的重量？

渡沙

「老王，還我稜線來！」

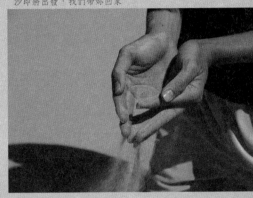

「還我稜線來！」我對著老王大喊。

原因是他的亂步散印，破壞了沙山稜邊的細緻。

而後，好友錯落的腳步，兩個斜影往稜線的最遠端移動。你倆走到那頭，回來後沒有說，但可曾眺望到另一層風景？

你是不是也感覺到了？沙漠橫渡，上演的是一場一場的純粹。除了彰顯的足跡、細緻的稜線、一片張散的銀草、成百黃花的點綴，襯上浩瀚蒼穹的一朵雲。

一場純粹的結束。掬起一把沙漠的沙，指縫成漏斗。沙，告別隔壁的那株銀草，妳即將出發，我們帶妳回家。

沙即將出發，我們帶妳回家

沙漠橫渡，一場純粹的結束

一次一次，我跟在大夥後頭，捕捉最西侶遊的足跡

侶遊

最西或有地表最荒涼的角落，這群人說好
任誰都不能當世界上最孤獨的旅人。一群
人走得再遠，還是一群人。

Helen老愛吟唱：走吧、走吧，人總要學著
自己長大。大家試著再多走一步，看能不
能真的留下長熟的印記。

沒有這些遊侶，北疆的風情也許會有所不同

一直想去智利，因為她狹長而豐富的地形，西邊靠海，北邊有沙漠，中部東邊與阿根廷共享巴塔哥尼亞高原，南邊則直達南極，有著眾多的冰川與峽灣。這些，台灣罕見。至於晶魯達與復活島巨石像，則應是愉悅的的人文小點。

2005年初，年度自助遊計畫中的智利未能成行，想著北半球的哪裡可以替代。一幅喀納斯的照片，說著金秋林樹燦爛與碧水凝脂的天堂景色，讓我將眼光轉向新疆。

是囉，就是古來的西域，一片孤城萬仞山，位在春風不度的玉門關後。遙遙的那裡，中國的最西，遇見沙漠是必然的，塔克拉瑪干與古爾班通古特盤據疆南疆北，怎麼走都閃躲不開；遇見高原是必然的，古稱蔥嶺的帕米爾高原，太陽高高在等著；遇見冰川是必然的，一入烏魯木齊就能見著天山，更遑論帕米爾高原上有慕士塔格峰這座冰山之父了。

還有草原、還有胡楊、還有火焰山、還有維吾爾、哈薩克、圖瓦、塔吉克，最重要的，要能在秋天成行。

侶遊

結伴，是不是個好主意？

2005年，6月說著9月的行程，幾位好友極有興趣。最終是，北疆結伴，南疆獨行。

一開始，結伴成5人：Tony，常駐武漢的同事兼好友；Steven，Tony的同窗好友；Jason與Winard，皆台灣同事，兩個人第一次出國。

聯繫好的烏魯木齊譚師傅在8月下旬來電郵，說是有兩個女孩子想搭我們的包車同遊北疆。Helen與Kathy，因為公司到烏市開會，所以延伸了自助行程。

一切妥當，來程分批飛往烏市，把行李丟上金杯車，依每日確認的行程，由豪邁不失體貼的李師傅(譚師傅表弟)帶著走。

任一的來處不管，相聚的目的已經明確，同行的過程，好壞有待開發。真的已經一年過去了嗎？怎麼彷彿還聽到車後不同腔調的歡笑？

含師傅，一行8人，這樣的結伴陣仗，打我1999年開始自助旅行，就從來沒有過。美國、歐洲、中國，一個人最自在，不怕孤獨不怕曬；兩個人還堪走，頂多鬧個小彆扭。這次就當是中途結伴吧，還比全然不識強幾分。

比指甲長？比手指漂亮？比戒指璀璨？

嗯，還是Jason的手最黑

Steven、Tony、Kathy，剛騎馬抵達禾木

‧修整恢復一些元神

吃一頓最西的早餐，旅伴怕遺漏了甚麼似地拍著

我旁觀著旅伴，卻看到了自己

拿拍照來說吧，在數位時代，有多少人，就有多少台相機。有旅伴，總是除山水之外，可以多捕捉些人的神韻。旅途中，很自然的，旅伴隨情有不同的姿態，直接面對鏡頭是專注，被側拍而不知則充滿俏皮。比如吃一頓最西的早餐，下箸前，旅伴怕遺漏了甚麼，一個個拍著平凡不過的小菜、饅頭、奶茶、稀飯，我卻不會輕易遺漏了他們；旅伴是自己的寫照。

人本是景

走過西北第一村，西北第一哨僅
公里之遙，領導不在，無法繼續
前進到哨所，白哈巴邊防站已是
本日行止的盡頭。

我的旅伴與李師傅在邊防站前圍
成半圓，與後面的背景融成一塊
，由遠而近，共有三層：山、
樹、人。

山、樹只有色彩，沒有表情，但
此刻旅伴感承著李師傅的安排，
那些表情，說著釋懷。李師傅，
盡力就好。有你的北疆，增添許
多精采。繼續執你之念，接踵的
新疆旅人，會因你而豐富。

Tony與一群很投入的維吾爾小朋友於高昌古城

人的個性，被旅行襯得更鮮明

草原上的生命躍動，Tony熱愛的，不會只有孩童、羊犢、家犬，還有一片更遼闊的世界。這位摯友，撿起禾木村草地上一枝孤單的蒲公英，些許是成熟了，白色的羽翼帶著種子飄散四方。她的花語是離別，一種帶著希望的離別。以此，我在心中，暗祝他年後的驛馬星動。

當大夥歡欣於美麗哈薩克少女合影時，識人者如Steven，還能親灸風霜經歷之美，與一位哈薩克老奶奶同鏡，留下禾木一世的印記。

侶遊

一對哥倆好第一次出國，就來遊最西，Winard，溫暖而堅持，做一個觀察的旅人，除了風景，還有俯拾皆是的最西文化；而Jason，則是企圖處處親善，白哈巴圖瓦民居、喀納斯山區、禾木村，哪裡有美麗姑娘，那裡就能散播熱力。

走遍大江南北，風光或有不同，小孩與寵物，是Kathy世界的樂趣要角，走到哪裡，兩者都不難發現，於是，旅途中可以常拾歡樂。她說，明年走完西藏，往後就要走出中國，迎向更廣大的世界。

從香港攜來承諾的蒙古Blue Wolf Expeditions精美資料供我參考，Helen總是帶著一身的從容，哼著歌，哪裡天寬地闊，就想將自己往那裡擺。

最新消息，Kathy已於2006年10月走過西藏，最遠到達珠穆朗瑪峰的基地營，一個我也想企及的地方。在這期間，Kathy也來過台灣，與Jason、Winard、我歡聚。真是個說到做到的亮女。

真要說起外交事務，Tony是百年難得一見的師傅，總是賓主得盡歡

Kathy，除了這最西，更多的人生大景，等你獵取

結果不會錯

偶然組合的融洽，更教人發計畫之外的讚嘆。結果不會錯，一次一次，我跟在大夥後頭，天地很大，我們一連並肩說了十天，言談還是舖不滿遼闊的沙漠與草原。

或跪坐、或低頭、或直走，雖同一段路，卻進行著各自的沙漠橫渡

借道

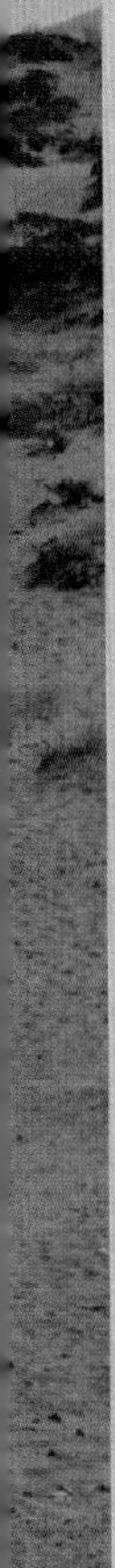

Winard：溫暖而堅持的行者

結伴一車即一家，時光不停流轉，這
一家子合圍的愜意，也許還徘徊在舒
服開朗的白沙湖畔，藍天碧湖，水草
白沙，一刻成永恆亮點。

不記得有沒有提及甚麼一年再見的約
定？

結伴同行若此，還真不賴。

布爾津客運站前的全家福，送Helen與Kathy上車往伊犁

一日九日出的蔥嶺，開闊的感受

日原

走一段冰山幸福路，紅衣裳的塔吉克姑娘，從秋
黃的青稞田迎了上來，甜美的問道：「外地來的
哥哥，您瞧見蔥嶺的一日九日出了嗎？」

雄鷹巡弋的翅膀張得極大，帕米爾高原上的犛牛
沒有想法，只有慕士塔格峰說：「我真偉大」。

山沒動，看著沙土換舖柏油，但高原亙古，那味還在

且讓我說些事實，增加你對帕米爾的想像。

帕米爾高原，古稱蔥嶺，在波斯語中又稱「帕米勒尼耶」。「勒尼耶」意「世界」，「帕米」意「平屋頂」。

這即是它稱世界屋脊的由來，但另一層意義是，這裡距波斯比中原近，自古，漢人即是這裡的少數民族。在異域，必尊在地的說法。◄

帕米爾高原交匯天山(東)、昆侖山(東北)、喀喇昆侖山(西南)三大山脈，由於地球14座8000米以上的高峰都與它有關，因此又稱為「萬山之祖」。

舉個例來說，地球上最高的山峰是珠穆朗瑪峰(即聖母峰，高8850米)，但最難攀爬的，卻是世界第二高峰，喬戈里峰(即K2，高8611米)，它被涵括在中國與巴基斯坦的邊界線上，乃喀喇昆侖山脈的中段主峰。

日原

在8000米高峰前，也許中巴公路途經的公格爾九別峰(7595米)、公格爾峰(7719米)、與慕士塔格峰(7546米)不算甚麼，但比巧不比高，有水色一日三變的喀拉庫里湖襯著，它們還是世界屋脊上最耀眼的三頂桂冠，旅人心繫之所在，夢迴之所在。

古來的絲路南、北兩道過塔里木盆地後，交會於喀什，直上帕米爾。唐僧玄奘東西來回走過，元朝馬可波羅西來走過，十九世紀末至二十世紀初，將新疆徹底翻過一遍的瑞典探險家斯文赫定走過，「大競力」(Great Game)年代，英國入侵西藏的主角楊赫斯本也走過。

幾千幾百年過去了，沙土舖上了柏油，馬車、驢車換成了四驅，但有山看著，高原那味還留；絲路依然絲路，旅人就只是旅人。

因著早有的想像，心繫夢迴，我必須走過那裡一趟，回來再告訴你，那裡離想像是遠是近。

一代一代的旅人，一代一代的駱駝，一起走在絲路上

山下是犛牛的草場，
慕士塔格峰上的冰雪
，說的是誰的聰明

貫穿世界屋脊的冰山幸福路，也貫穿古今

冰山幸福路

314國道，東起吐魯番，到喀什後稱中巴公路，直上帕米爾高原，抵終點紅其拉甫口岸，過去就是巴基斯坦。

凡是高原地區，氣象萬千，是為常理。前一日午後暴雨，山洪阻我來路，再度踏上中巴公路，晨光中啟程的帕米爾高原，艷陽高照，雲淡風清。

出喀什，叫得一聲好，百里外，即看得到白頭雪山。冰山初露，厚實開闊，沒有睡飽的旅人，看得精神為之一振。這一段，沐浴喜樂的旅人稱之為「冰山幸福路」，況味點滴，不因孤身而稍減。

日原

昨日之烏帕爾鄉巴扎

再經烏帕爾鄉，昨日巴扎已去，早上也寂寥。

不過一日，坐上驢車趕著集的老幼，路旁賣饢、賣葡萄的小販，行走的、堆臥的待販羊兒，通通不見。昨天廣場上停著一輛小卡車，車上婦人拿著麥克風正叫賣著，拿出手帕，倒點醬油：瞧這洗衣粉的神奇功效。我是沒空待到手帕洗乾淨，可想必廣場上那一群人看到了。

拿著相機闖入維族聚集的廣場，搜尋天真的孩童入鏡，卻意外地受到婦女長輩的歡迎，紛扮攝影指導。

看似桀傲不馴的金髮少年

幾位阿哥，坐在路旁等著販羊，招呼我幫他們拍照。一位染了金髮的少年，身倚在小驢背上，嗑著瓜，縱使看來桀傲不馴，還是難敵鏡頭的吸引力，欣然入鏡。

離去時，一位神色凝重的長者駕驢迎面而過。踹想你是剛到，還是正要離去？對於一切的陌生，闖入異鄉的我，無端感到抱歉。

販羊的維族阿哥

7600米的冰山，堆疊在3500米的鏡湖面前

過奧依塔克而不入

314國道1552公里路碑後方100公尺，即是昨天躲雨的「古絲路奧依塔克景區旅遊招待站」，若循路牌右轉，奧依塔克風景區即在10公里處等著旅人，聽說那兒去看冰川的路途險峻，必須有當地少數民族帶路，才得窺見，留給我一堆想像的空間。

一日九日出

高原，高山圍隴著平原，只要面積夠寬廣，山脈不絕，走入其中，山陰山陽前程隨勢調換，一日九日出，絕非空想。自東向西，儘早出發，中巴公路，蜿蜒過一座一座山頭，讓太陽一路在東邊趕著，奮力爬山。

真的氣象萬千

過了山壁崢嶸的老虎嘴，走到這兒，各山頭離公路稍遠，高原的開闊氣勢，正要開始展示。但艷陽好天，竟也稍歇。

近布倫口，雲層厚，掛在不高處，陰風吹，山壁上的雪白，無處可躲的寒冷。對天嘶吼一聲，是誰在雲的那頭凝視？給遠道來的旅人一點啟示，你今天到底要怎樣？

日原

沙山沙湖

沙山沙湖前，一對父子擺了攤，舖陳一桌的紀念品等待來客，而我與冷風，都只是路過。

沒人曾走近，到達細緻如綿的沙山，沙湖不會輕易饒過任何褻玩的意圖。這樣也好，本來就是一幅畫在那兒，能走進去的，只有畫家筆下的增添，是凡人皆不能。

回程時再經此地，散去雲層，沙山無盡的綿密，一攬無疑。好像是電腦遊戲世界中特別設計的材質。那後面，是不是有高人不管世界的紛擾，正在練著功？

沙山沙湖前擺攤的父子，沒有交易攀談，只是路過

喀拉庫里湖

7600米的冰山，堆疊在3500米的鏡湖面前。我不說草甸的秋色，因為這會兒還缺太陽照耀的金黃。因著這幅高原，開闊有了鮮明的映象。

箭步爬上喀拉庫里湖前的小丘，面朝前，與慕士塔格峰對望，山頭還躲在雲霧裡。頭轉後，柯爾克孜的小孩在氈房前成一點紅，國道上，過往車輛依稀。

高原未來主人翁，大的也是小的的太陽

旅人一刻，住民一生，這蔥嶺高原不曾被誰擁有，不融冰山亦是、無波碧湖亦是、流動浮雲亦是、日月星辰亦是。都是過客，應互敬三分。

被太陽悉心照料的高原未來主人翁，大的也是小的的太陽。寫文這一刻，已是12月底，此刻高原應該是冰雪大地一片，你們可好？

一列駝隊，走過湖畔，一位馬客，目送著他們的出發。

一列駝隊，走過湖畔，一位馬客，目送著他們的出發

轉到慕士塔格峰的側面，雪色更緊白了

駝隊是要跋涉12天，走入西藏、巴基斯坦邊境的無人區，抵達山客一輩子都要仰望的喬戈里峰？還是只要一窺慕士塔格峰、公格爾山的冰川、柯爾克孜人的牧場？除了祝福，不需多語。「上不上塔縣？」陳師傅問，時刻約北京時間下午1點。「上！」別無他途。

犛牛牧場

行過幾個高原的曲折，轉到慕士塔格峰的側面，雪色更緊白了。山下是犛牛的草場，山上的冰雪，說的是誰的聰明？

仔細看，就可以發現一群犛牛愉快地散步在發黃的草甸上，而幾顆石頭，也在路旁愜意地曬著太陽。

草場的秋色實則繽紛，犛牛也不是一勁的黑或黃。問過犛牛許多事，許多事還是沒有答案。但是，我很愉快，甚至還哼著歌。

凝視空曠

314 國道，好一段、修一段。但是白雲哪管這些？她今天愛高掛、低掛，全然自我。低掛時，姑且多留一點空間供藍天揮灑，多停一些陰涼在山頭。

日原

不必是名山才能仰望。對於這片開闊，也只能點頭稱是。讓眼睛充分領略開闊的感受；視野開了，心還能閉著嗎？

我的凝視空曠了視野，視野帶開了我的心神。帕米爾，你今天好啊！

紅衣姑娘與旱獺

有一位紅衣姑娘，沿著未修好的國道上，踱步慢慢向我走近，互相交換了眼神。她的眼神，有些不解，有些憂傷，但沒有透露任何言語。

有一首帕米爾民歌唱道：「清晨我徘徊在帕米爾的大街，獨自把一曲哀歌吟唱。人問我為甚麼這樣悲傷，只因情人離開了我身旁。」

這裡離塔什庫爾干帕米爾大街怕還有十里路，紅衣的姑娘如果心碎獨行，情傷不止，哀歌恐怕已夠唱過百遍。

在蘇巴什達坂前，若不是陳師傅提醒著，我絕計想不到在路旁的小丘上，居然可以看到被稱為「旱獺」(Marmot)的這種動物。據說，它算是世界上最大號的老鼠，長可達60公分，重7公斤，冬眠期達半年以上。善於打地洞，素食，一有驚動就發出刺耳的嘯聲。

過海拔4100米的蘇巴什達坂，來到塔合曼一帶，蔥綠的草甸、平靜的河流、稀落的人家，天地一切平常，只有旅人的心不似平常，一次一次地遼闊。

終於來到塔什庫爾干。

問過犛牛許多事，許多事還是沒有答案

紅衣姑娘，所為何來

塔合曼一帶：草甸、河流、人家

99

離太陽最近的部落

塔什庫爾干屬縣級，該縣面積寬廣，邊界線長達1200多公里，一縣竟與巴基斯坦、阿富汗、塔吉克斯坦、吉爾吉斯斯坦四國交接。這裡住著13個民族，以三萬多塔吉克人為主。

從穆斯林史學家、從俄國中亞學者、從波斯歷史、從塔吉克人本身，對於塔吉克此一民族名稱的來源，說法不一，在此不予深究。

研究血統的，說塔吉克民族是史前時期居住在伊朗和印度北部的雅利安人一支，走在塔什庫爾干縣城中，人來人往，那些深深的輪廓，應該讓你不會反駁。

日照

接近下午4點，按新疆時間算中午稍晚時分，一大群青少年信步在校門外。若不是標語提醒我，還以為是到了沿地中海的南歐哪國。

他們自認是離太陽最近的人，住在這塊離太陽最近的地方。無怪乎，熾熱的紅，是其代表色。

看戴上刺繡精美的庫勒塔帽，穿紅衣的年輕塔吉克婦女，坐在路邊曬著太陽，那兩雙紅拖鞋，想必有它的涼爽。

走到立有帕米爾雄鷹雕像的廣場，旁邊服飾店圍坐著四、五個塔吉克年輕人，店裡音響散播的音樂漫到街頭太陽下，那是伍佰《突然的自我》演唱會版：「來來來，喝完這一杯，還有一杯；再喝完這一杯，還有三杯」。最東到最西，青年都搖滾，這裡是哪裡？我有些呆了。

漫步校外的塔吉克青少年

輪廓恁深的塔吉克小朋友

竭盤陀石頭城

外城方圓3600米的石頭城，考據為公元初期塔吉克先民的「竭盤陀國」都城。

公元644年，取經回來的玄奘經過，幾千年來的帕米爾雄鷹一圈圈地盤旋，佛教盛世變成穆斯林的高原，外城雖已傾頹，內城還有可觀之處。

不走喀什噶爾路進去的正門，而是繞到後頭，經過郊外塔吉克民居，去開闊的阿拉爾草灘，見山見城地拍。

慕士塔格峰與喀湖，沒有經典的倒
影，但卻像卡紙一張

帕米爾回程

回程時，濃雲已散開。秋天的我走向高
地，雪山下的青稞走向金黃。

「冰川之父」慕士塔格峰露出饅頭狀的
渾圓山型，這片高原上，你稱偉大。陳
師傅說，首先征服它的，卻是日本人，
因它形像富士山，所以傳說日本人對之
有更多的迷戀。

慕士塔格峰山勢全開，與旁邊的山，有
著黑白的對稱。而喀湖呢？天時來了，
當然是盡情展示她變色的風情。

不是白峰在湖中顯示倒影的經典時分，
卻看到難得的湖藍，波紋的皺摺，像是
一張高磅數的卡紙。湖邊的石塊，也自
然擺得好看。

公格爾山九別峰

沙山無盡的綿密，像是電腦設計的材質

在喀什老城區與守候的第一群天使相遇

天使

天使們再一秒就要下火車，準備進城，他
們遺留的一雙雙翅膀，則自由飛往山上。
天使們的任務，跟旅人有關。

「守在老城區恰薩巷一帶，隊分五處，午
時會有一位來自東方的背包客經過。攔下
他，向他展現希望、純真，與難以避免的
忌妒」至高的力量說。

第二群天使的帶頭大哥

Wikipedia說，天使(Angel)最典型的行動，是做為信使(Messenger)。是了，維吾爾小孩一微笑，能當下平撫旅人的騷動，他們捎來的，是包含和樂的信息，但與宗教無涉。

天使

火車上的天使

在烏魯木齊往喀什的N946列車上，遇見
一位叫夏熱帕的小女孩，她是車上的天
使，讓任一人看著她、背著她都笑開了
心。火車前進時，族群在一間間車舖融
合著，火車到終站了，旅人懷著期待被
融合的心，走入一個異域城堡。如夏熱
帕的天使，就是觸發融合的開端，是安
定旅人心的藥引。

晨光照進車廂走道間，天使揉著眼睛，
車行過黑夜，這一天正要醒來。她說著
信息：每個人都擁有這一天，孤獨是一
天、吵雜是一天、慧詰是一天、駑鈍是
一天、純真是一天、貪慾是一天；珍不
珍惜，都要算一天。

我的最西之旅，又有新的一天。

第二群天使，到底比畫些告訴

第三群天使，巷弄間
的陽光溫昫

聖經傳述兩次天使間的戰爭，第一次是因Lucifer帶隊反叛，最終有三分之
一的天使被打入地獄，成為惡魔，而Lucifer就成了地獄首長Satan(撒旦)，
此後，天使與惡魔訂下千年一戰的約定。第二次則比第一次更慘烈，三翼
天使因驕傲而墮落，引發天使間的大規模戰鬥，結果有四分之一的天使陣
亡，四分之一的天使墮入地獄。此處說Gabriel砍下Lucifer的翅膀，即發生
於第二次天使戰爭，嚴格來說，已屬天使與惡魔的戰鬥。

天使

老城區的天使

要離開喀什的那天，漫步在老城區恰薩巷，我咬著饢，遇見一群群天使，我不得不停止行進間的午餐。天使們一個個笑了開來，我快門難停。後來，我對著鏡子半天，也擠弄不出一個跟他們一般的。

天使說來和善，但可能也免不了<u>爭戰</u>，就像Gabriel一劍砍下Lucifer的翅膀。天使間也存在如凡人的忌妒情懷，一個鏡頭裝不下，很難安撫群擁而上的天使。

安靜的天使，更讓人心疼

熱鬧可愛的場面不說，安靜的天使，一個個更令人心疼。

一位憂鬱的天使，沒向背包客開展過笑容，一段的跟隨，一逕的喜怒不驚。
待會，你走在我前頭，經過暗道走到恰薩巷，攜著一只黑色塑膠袋當玩具。
我在你背後凝視好久，憶起家鄉那邊也有好多跟你一樣的天使，心知幸福無
法計較，但有我無限的祝福，給你，給世界所有的天使。

天使

還有一對深邃的眼眸，天使的凝視看到了甚麼？閉成一線的唇，是不是有話要對我說？

來客面對天使，只能移開鏡頭，一笑帶過。

從東門大巴扎鑽出來，在陽光小巷遇見最後一位天使，我驚懾於最無可迴避的純真。

恰薩的意思是十字路口，你們的人生，在這古巷中出發，未來人生的路口，可以有遲疑，但終究能穿越。

最後一位天使　擁有最無可迴避的純真

天使

晨望喀什老城區，視覺一下子全醒了過來

老城

黑、白、灰的鴿子在老城區上空盤旋，起
飛時跟天使擦身而過。隔夜曬不乾的辣子
鋪襯著最西城市的屋頂，紅得遮不住沙塵
片片。

東西的橋樑，歌唱道。走著找著，多年雕
琢未成的銘心。有一些傳承，在巷弄中流
散，輕輕挑起，悄然落下。

老城區的屋頂，間歇地曬著辣子

喀什兩字叫得簡潔，叫她四字全名喀什噶爾，就多沾上點中亞味。

維族歌手艾爾肯從這裡出發，站上全中國的舞台，他在《喀什噶爾》這首歌中
唱道：絲路明珠喀什噶爾，駱駝東來又西往。

文化的兼容，怎麼說，她都是最西最具經驗的老城。老城，老成有味。

老城

晨醒在老城居落

很早，睡夢中就聽得遠遠清真寺傳出的祈禱呼喚聲。

早晨9點，睡輾過前一天往返帕米爾的累。從號稱擁有喀什老城區最佳觀賞點的世紀賓館10樓窗子向外、向下望去，好大一落的灰黃，間隔些白，視覺一下子全醒了過來。

縱使外圍有高樓，還是老城區的居落疊疊搶眼，在每個方向打著大大小小的黑洞。我看到的黑，從居落望出來，卻應該是光聚的所在。

登再高，外圍的人，到底瞧不清穿梭在巷弄中的步伐，邁向何方。

老城區居民的一天從閒聊間展開

喀什鴿子的早課

屋頂片羽

老城區巷弄間的早晨閒談，決不能馬虎。舉起相機，我在窗前對著居落一角幾分鐘，從屋頂的那人開始，到第二個人邁出家門，第三、第四人從左邊巷口鑽出，然後第五、六、七、八人陸續圍攏過來。這一天，最西邊城，就要開始。

又一個屋頂，一個年輕人放鴿飛行。

老城

鴿子，飛起時，還是懷帶著不想越過老城區最外圍的心。但世界上鴿子的主人應該是一個樣：不擔心寶貝志在遠方。

鴿子有白有黑，飛幾圈，歇會，再飛幾圈。等下午，伴著最西的夕陽，再飛。這就是喀什鴿子的功課。

又一個屋頂，一個婦人晾著衣，一段生活的演出。

香妃墓裡外

裡面、外面，全都聞不到香氣。左邊、右邊，馬賽克貼得好看。裡面，安放著一個家族，外面，盛開著數個花科。這裡不比永恆，只論花開逢不逢時。

一道木門，厚重古樸，這點風華在此道別。

離去前，巧遇一隊鄉音，歡喜與驚訝：「少年ㄟ，你一個人喔？甘麥無聊？」

不會啦，歐巴桑，在最西只怕時間流動得太快、人走得太慢，無聊太花時間，與「少年的」我無緣喔。

兩個很愉快的維族小朋友，在停車場截住了我，笑著、比著，雙方都沒錯過。

香妃墓花開逢時

老城

香妃墓馬賽克貼得好看

工藝品一條街

到郵電局，將累積多日的明信片發出去。蓋上一枚最西的郵戳，朋友，這裡其實沒有天邊遠。

轉入工藝品一條街，接連的肉販、銅器店、木器行，非常民生。

「朋友，你從哪裡來？」圓帽蓄鬚的老闆，賣的是上等羊毛絨，說的是如西方人口音的普通話，表達的是誠摯的問候。

對面，成排的維吾爾絃樂器熱瓦甫高掛著，我拿了把試著撥弄，有音不成調。老闆要我出個價。這裡是掛，拿回來也是掛，無欲則剛地一出到底，果然無法成交。

一桶桶、一罐罐的香料，最顯眼的，還是在新疆餐館常喝到的茯茶磚。意外的是，茶磚居然是湖南製造。

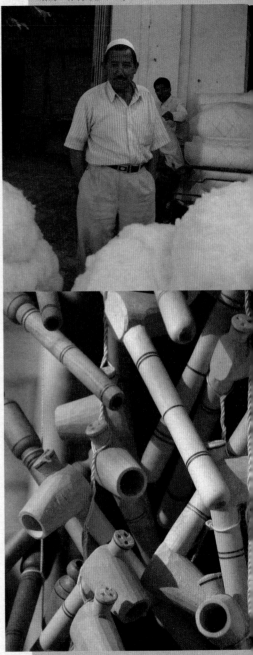

猜一物：掛著是原味，拿回家用是騷味。眾人猜我是煙斗，娃娃是我好朋友（男寶寶專用）

121

艾提尕爾清真寺外室長廊頂
，簡樸肅穆

艾提尕爾清真寺

這是中國最大的清真寺，已有五百多年的歷史。寺外躍動，在廣場邊多呆幾刻
，端看來自各地遊客的漫步模樣；寺內肅穆，長廊紅毯綠柱，盡頭一方玫瑰
園。

九月的陽光灑滿林蔭的清真庭園，外室長廊頂上的白色電扇不用開，最西天涼
是秋。

進行禮拜儀式與講經的內殿，紅毯滿佈。此刻沒有一個教徒跪坐，但有兩、三
遊人走過，悄聲寂靜。

每天都有幾次，從寺內傳出對教徒的呼喚：面向麥加，誠摯祈禱。

老城

漫步老城區

四角的磚語，是「前方死巷」；六角
的磚語，是「前方有路」。不用豎標
誌，老城區漫步，不易迷路，靠的是
古樸而直接的引路系統。

六角地磚引路走，暗巷的盡頭，總是
明亮與開闊。

老的微笑和善，小的眉宇憂鬱。巷內
的歲月流轉，有足夠的時間承傳。

鴿子與辣子都一樣，在陽光剛走過的
木屋邊晾著。高低各佔，空氣中感受
不到餘溫，只有清涼。

任憑街上的陽光溫煦，闊納代爾瓦扎
巷1號的褪色紅門深鎖。鎖住的，是
只這時日，還是以月年數？過客難窺
究竟，還想究竟。

停著的QQ小車，奔馳的50CC，對老城
區來說，這些都跟路過的旅人一樣，
只是短暫的裝飾。

老城區巷內的歲月流轉，
有足夠的時間可以承傳

李師父學擺這尊
毛主席雕像，唯
妙唯肖

人民東路

面對人民廣場，毛主席站立許久，又好像沒站多久。

「到如今，許多邊疆少數民族的耆老，提到主席，還是只知毛，不知有鄧、江、胡。因為，當初就是毛征服了他們，提起來依然令其膽戰。」烏魯木齊的李師父曾經一邊這樣說，一邊擺了個跟這毛主席雕像一模一樣的姿勢。

李師父，擺得可真像，服了你。

這時，還不到供暖的季節，我無緣享用，只是在研究一張豎立在人民東路邊的喀什集中供熱管線站點分布圖。

一塊公交車站牌寫著「本站」，這到底是哪一站？我預備從這裡出發，但在這牌子上，卻不明我的出發點。

罷了，還是靠兩隻腳，往東湖公園方向走。遇見一整排的電話攤，國內、國外，旅人十撥九撥家。君有長言，坐下慢慢講。

高台民居

比老城區還要老，高台民居三層樓的來由，先是爸爸的房子蓋在爺爺的房子上，然後，兒子的房子又蓋在爸爸的房子上，越高就說越興旺。

過街樓、半街樓、懸空樓、樓中樓，不鑽50多條小巷，我繞著喀什東南這座黃土高崖走。

一位建築師朋友乍見高台民居的照片，直喊著：「這真是有機。」

甚麼是有機？就是人活動的跡象吧。像路過的民居這樣，門前兩棵樹，綁條繩子，烈日曬棉被，晚上蓋著一身的陽光馨香。

從高台民居這一區，跨過黃色混濁的吐曼河，到達東門大巴扎。

一如世界上其他的母親河，塞、月氏、烏孫、羌、匈奴、回鶻、喀喇汗、葉爾羌汗的民都曾在吐曼河旁駐留過。一千年前的玉素甫·哈斯·哈吉甫，在這河邊孕育了「給人幸福的知識」，後人說如沐春風，那便是春風也渡玉門關的明證。

「給人幸福的知識」即《福樂智慧》一書，是用回鶻文寫成的第一部勸喻式長詩，其地位有如漢人中的論語，而作者玉素甫·哈斯·哈吉甫，也自此建立其崇高的歷史地位。

高台民居

高台民居的有機生活

東門大巴扎

人來人往的大巴扎外，未見主人的影蹤，一車最西的大白菜，沒來得及大口大
口嚐。

如果喀什沒了這座大巴扎，東西的橋樑何以為依？一區區整理好的貨品，西東
來去，四方落錯。一如我自東方來，我至最西返。

不只漂亮的蘋果誘惑了我。老者擦了另一顆漂亮的黃蘋果，放到秤上，補足了
兩塊錢該有的斤兩。只有相視的微笑，那種雙方都很愜意的初識，交易即再見
，一句言語都徒然。回程走過吐曼河，咬了一口蘋果，香甜的滋味，還讓我想
到大巴扎外這位令人安心的老者。

老城

一家音像行，牆上貼的，或是最西的
巨星，或是新星；紙上印的、音響傳
真的，是西域遠古傳承的文字、語
音。找不到一絲熟悉，我真的走得夠
遠。累嗎？輕汗可彈，還悠哉自在。

一位維族弟弟賣力地舀著白色飲品，
一杓杓往盆內的冰塊澆，我不知道這
是甚麼。言語不通，顧不得玻璃杯的
清潔方式，因艷陽高照，加上好奇心
作祟，就來上一杯吧。 一路無事，待
回台灣後，與曉瑩通電郵，方知盆內
學問不高，只是「牛奶+水」而已。

好個喀什老城，八個小時過渡，回味
一年猶不已。

高台民居居民跨過吐曼河‧往來東門
大巴扎扎實地過活著

東門大巴扎裡的絲綢布匹區

最西的音像行裡，找不到一絲熟悉

喀什老城區中的維
族家門，幾乎都掛
著一方布簾，窺
探、風沙、外來的
總總，以最溫柔的
方式屏除

清真

「這個不要錢，送給你。」一群維吾爾小孩手裡拿著紀念品，在吐魯番高昌古城入口對著Tony說。

怎麼說，都算是很投入的小孩，鏡頭前的可愛，跟能夠說出這樣充滿商業謀略話語的，實在很難湊到同一張臉去。

不愧是新疆的猶太人，從小培養起，只能佩服。

艾提尕爾是中國最大的清真寺，來瞻仰的當然不只
遊客，更有許多虔誠的穆斯林

來到最西，信仰伊斯蘭教的穆斯林，尤其是維吾爾人，幾乎處處可見，讓你無可迴避。文化上、宗教上、語言上、飲食上，壓倒性地迥異於中原。

「維吾爾是新疆的猶太人，尤以阿圖什商人為最。」此話聽聞已久，旅程中體會印證。

沒有中東伊斯蘭的激情，最西的穆斯林，融入更多的現代思想，務實地活在這裡，匯轉西東，代代搭起歐亞的橋樑。

「若是維人與漢人打架，那是兩種民性。維人不管認識不認識，會一起助拳對外，而漢人這邊，除非是認識的，不然絕對袖手旁觀。」李、陳兩位師傅都說過維吾爾的團結。

這樣的維吾爾陣仗，祈禱最好不要遇上。

清真

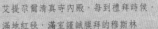

不是清真是清真

喀什往烏魯木齊的N948列車，9車
下層19號室，2維4漢，上演文化
大交流。主角是位維族男子，在此
姑且稱他為買買提，接受漢族的提
問。

買買提是住在喀什的生意人，不到
三十歲，留著一撮小鬍子，看起來
似乎成熟些，說著不太流利但尚可
猜著的漢語，此行目的是經商。

「大老婆不同意，就娶小老婆，那
不是清真的。」面對意識高張的漢
族婦女，他說出了令人還可接受的
答案，看來，說穆斯林可以娶四個
老婆，倒不是可以任意自行主張。

在艾提尕爾廣場，捕捉到一幅漢男看維
女的即興畫面

清真

維族老的、小的，在大巴扎內、在街頭上，興作買賣

「不是清真的，我們是不願意同他一桌吃飯、交談的，即使是親兄弟。」穆斯林戒律甚嚴，教友同儕壓力不小。

「全世界的穆斯林，都是一個民族。」我知道喀什的穆斯林，大多屬遜尼派，這邊的遜尼派，很平和地傳承著清真教義。

「我明年要第一次出國，去麥加朝聖，在那裡可以見到來自美國、日本～(喉音超級抖動)、台灣……全世界的穆斯林。」果然是虔誠的清真教徒。

「我以前賣皮革，現在賣鋼材」哇，突飛猛進開發大西部，中國正火紅的一門生意。

「做生意不會漢語，太痛苦了。合同都要傳真回去請會計看，讓她代為簽字，老闆像夥計，夥計變老闆。」風險好像蠻高的，幸好碰到的夥計都還不錯。

「我要我的小孩都上漢語學校，維族學校一個禮拜只有2、3小時的漢語課，而且都是維族老師上的，學不好。」看起來是個作風開明，現代化的穆斯林，據買買提說，他一堆堂兄弟，還是普遍不讓小孩唸漢語學校。

美麗的熱娜，下次若你在烏魯木齊國際大巴扎碰見她，別忘了幫我問候一聲

「現在維族男孩，都去網吧，與外界交流多，所以漢語比我們這一代好很多。」Internet果然漫延連結許多邊界，民族的、宗教的、國界的。

「以前女孩子13、14歲就嫁人了，現在知道這樣對女孩子的身體不好，所以大概20歲上下才結婚。」誰也不忍那樣美麗的維族少女，早早過完青春。

「男孩子結婚後，都聽老婆的話，不聽父母的了。」買買提，這是普世父母面臨的狀況，不獨清真的。

清真

烏帕爾趕巴扎的鄉民

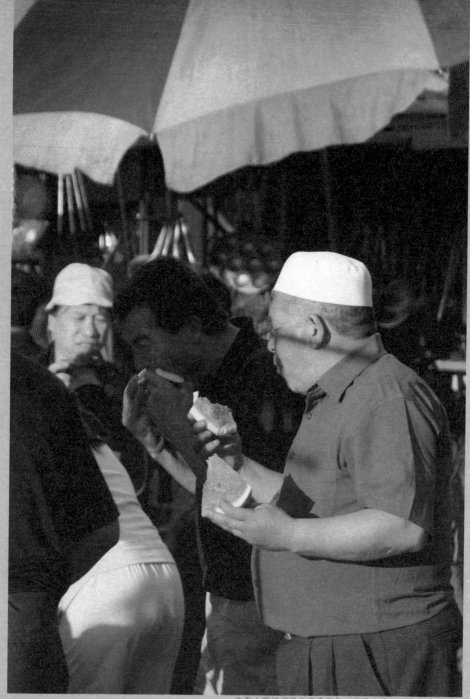

烏魯木齊新疆民街黃昏即景，十足在地生活的味道

清真

「我娶現在老婆之前，原先工作上認識一個回族女孩，婚事沒談成。」為甚麼？「她父母不答應，她自己也不答應。」原來異族通婚問題，不獨維、漢間存在，其實普遍存在於各異族間。

「我現在有三個小孩，老大是女孩，老二與老三都是男孩。你們漢族一胎化只能生一個，我們維族可以生兩個。我生老三被罰了一萬元。」買買提給我們看了手機上的老二、老三照片，毫無意外，非常可愛。

「老大的照片呢？」「手機上沒有。」

「喔！重男青女」一室四個漢族異口同聲地說。

烏魯木齊新疆民街黃昏即景

師傅分瓜

口腹

攤開新疆地圖，天山北路，312國道橫過，李師傅剖開哈密瓜，擺在最東邊一角，靠近甘肅的哈密，在此地又擺上些大棗；從五彩的串串葡萄中，取出白色無核的極品，擺在吐魯番；鮮豔的西紅柿，傳說中的生命紅，擺在昌吉一帶；紅的、紫的、黑的不挑，只有白色如脂的櫻桃擺在西邊遠遠的伊犁。

天山南路，香梨果香撲鼻，幾只擺在庫爾勒，一路西去，庫車擺白杏、阿克蘇擺糖心蘋果、阿圖什擺無花果、伽師擺甜瓜、葉城擺石榴。咦，來到喀什，上頭該擺些甚麼？

「新疆瓜果吃不敗。各地吃不完的，都往喀什擺。」李師傅殷勤地說著。不只多吃不敗，也很難被打敗。

最西的地圖上，整個幅員都是甜。

烏魯木齊新疆民街上的烤全羊

　　啟程之前，對於最西的飲食印象是這樣的：各邊疆民族大多信奉伊斯蘭教(回教)，所以除非找著漢餐館，否則最好將大肉(豬肉)暫時忘卻。

　　果然，肉食以羊、牛、雞為主，尤其是羊，做成餡，是羊肉包子；鐵條串起五、六塊，灑上孜然，是烤羊肉串；現擀麵條炒上洋蔥、各色的椒，是過油拌麵，羊肉的最對味；抹上鹽，掛在山區的氈房前，是風乾中的羊肉；整隻香脆金黃，那是烤全羊。

口腹

還有多達五十幾種樣式的饢，聽說不小心吃上一個，足以飽上一整天。大盤雞料好汁開胃，幾碗飯很容易送服下肚。

喀納斯山區正在風乾中的羊肉

從最西回來，台北幾家新疆風味的餐館再嚐過，終於知道，那是讓無緣親身帶舌到最西的人臨摹用的。總之，想像成就美好，地道不必計較。

風乾辣子

我的第一盤過油拌麵，嚐知新疆人口中的「小辣」

過油拌麵

北疆十天，除了在喀納斯山區騎馬，其餘幾乎天天必食一客過油拌麵，但彷彿還是吃不夠。過油拌麵其實也可點牛肉口味的，但一般不說，還是以羊肉為主。

講究的餐館，點一客過油拌麵來兩盤，一盤白麵條，一盤則是混合羊肉、洋蔥、青椒、紅椒、辣子的過油炒料。吃時將白麵條加到炒料盤裡，拌拌和和，即可唏哩呼嚕下肚。

口腹

點一客過油拌麵來兩盤

好客的新疆主人，非要你吃飽，點一客
過油拌麵，麵可以不限次數添加。麵條
現點現撣，嚼勁十足。

「我的一位朋友，最高紀錄加了8次麵，
我們所有人加起來，比不上他一個。」
李師傅勸進著。朋友，下次胃口養大了
再來拼過。

要注意一點，許多南方來的朋友，無論
是台灣、香港、還是廣東，能夠吃辣的
程度，遠不及新疆的一般，所以即使註
明只要微辣，幾口下肚，可能還是會讓
您的口舌噴火。若註明不要辣，性格點
的夥計，可能會說：不辣的，咱們師傅
不會炒。

大盤雞

備上新鮮的雞肉、土豆(即馬鈴薯)、洋蔥、青椒、紅椒、辣子(花椒、朝天椒)、蔥薑蒜，加上八角、桂皮、香葉、胡椒、孜然等香料，經爆炒、翻炒、燜燉、最後再翻炒的工序，15、20分鐘，一道色香味俱全的大盤雞就上桌了。

怎能不要大盤雞？北疆行止，幾乎天天有，沒有人不愛，Kathy說可以每餐都吃它。

被收乾的雞肉，精煉飽滿的香料氣味，濃郁夠勁的湯汁，直接淋在白米飯上，或是和進過完涼水的皮帶麵(顧名思義，寬如皮帶)，都很過癮。

新疆之大，容得下各地有不同口味的大盤雞。李師傅說，烏市東南近郊的柴窩堡 (312國道往吐魯番方向)，那兒的大盤雞是辣翻天般地道，城裡人都趨車來嚐。

在各景區點這道菜，一般會問要山雞還是野雞，景區有公定價格，當然是越野的越高貴。

口腹

格瓦斯(Kwass)是一種加了山花蜜、漿果的民
間自釀啤酒，源於一千多年前的俄羅斯。這
是布爾津夜市有名的俄羅斯老太太格瓦斯

走過火焰山下一戶民家，幽深
的屋內，沒有身影與聲響。青
菜兩把，發想這是幾口之家

新疆民街賣饢的男子

饢

最西有人聚集的地方就有饢的蹤影。

在城市大巴扎、在鄉下巴扎、在烏魯木齊新疆民街、也在喀什老城區。

饢飽感十足，可久放，是旅行者甚好的乾糧選擇。離去時，烏魯木齊機場一片喧嚷中，聽到一個宏亮的聲音說：「這個帶回去，聽說放上半年也不會壞，嘿嘿。」大叔手裡拎著幾個大大圓圓的饢。

我對饢的大部分記憶，與人與視覺有關，實體部分，進了肚子也就完結。

烏市國際大巴扎中庭，阿布拉的饢攤，兩個維族小夥子一邊一個，忙著整治兩種不同的饢。手握鐵桿，將熱熱的饢從爐壁一個個起出，旋轉飛行著，落在攤前，距離不長，但姿態好看。

口腹

烏帕爾鄉巴扎上的饢攤

烏帕爾鄉的小女孩，跟在
賣饢的老者身邊團團轉，
濃濃的一家子氛圍。

烏市新疆民街賣饢老婦在
西下的金色陽光中笑開了
，彷彿很安定、很知足。

喀什老城區遇到一位咬著
饢的天使，應該是在對我
說：「背包客大叔，你帶
的那個，是不是也是咱們
老城區出爐的饢？熱熱的
吃，很棒喔。」

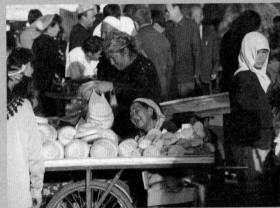

新疆民街賣饢的婦人笑了開來

喀什老城區遇到一位歡欣咬饢的天使

塔什庫爾干一位塔吉克師傅，開心地讓我為剛出爐的羊肉包子拍一張

奶茶與包子

「老闆，拿奶茶、包子來！」李師傅說著維語。

這家烏市近郊維族餐館的奶茶，除了茶梗，還加了把鹽，客倌您說地不地道？

奶茶幾乎是新疆各族的共同飲食，有用茯茶，有用紅茶，但鹽色各家不同。

口腹

白哈巴村圖瓦老奶奶家的奶茶，硬是要比維族餐館喝到的還鹹；喀納斯山區哈薩克氈房內的，還浮上一層酥油香；禾木民宿呈現的，則添加最多晨起新鮮的奶香。

喝奶茶，一口包子一口饢也對味。包子內餡，那當然是堅決不可腥羶的新疆羊肉

這碗奶茶，除了茶梗，還加了把鹽，喝得很是精神

哈薩克氊房裡，包爾薩克搭飲奶茶，風味正好

包爾薩克

喀納斯山區哈薩克氊房裡，羊油炸的包爾薩克香酥可口，一塊塊黃攤了一桌，入口棉軟，又不會太油，搭飲奶茶，風味正好。包爾薩克，此趟最西旅程我最喜歡的點心。

事實上，哈薩克人的早、午餐一般也就是這樣簡單，油炸小點加奶茶便了，晚餐才進肉食。

口腹

玉米糊糊

漢早餐館穿插在北疆城市行程間。

第一次吃到玉米糊糊，是在阿勒泰市賓館隔壁的小店，米黃濃稠，暖暖一口下肚，意識從早冷的北疆醒過來，從此愛上。

糊糊一口，也是分手的印記，烏市與最後離去的Tony共進早餐，喝完一碗濃稠的玉米糊糊道再見，留我走未盡的最西。

糊糊一口，也是分手的印記

四. 尾聲

男子撼動百年的牆終於倒下，突破圍城，走入街頭，才發覺夢中凝視萬遍的香土聖城，如今黑白顛傾，藍綠張狂。

一位僧人托缽佇立，男子將心掏出，丟入缽中，未碰出半滴聲響。「施主，你的心這邊安放不了，應志在萬里之遙」，僧人起手；而後，男人追逐他的心，直至單一純粹彰顯之境。

世界如此多樣，我的情懷總是滿滿，甚怕少露了一點，就遺失了些美好。最西沒有寫完，一段初秋的旅程無法結束，我又想回家，只好繼續寫下去。

純粹彰顯之境

沙漠與藍天在同一個空間上下比純粹。在沙山的最高點，我心與沙一派寧靜。一株胡楊，像秋天燃起的一把紅火，燒在塔合曼，單獨而純粹。但這裡是帕米爾高原，不是吉木乃，也不是輪台。旅人的時間與空間皆在流動，欣然接受這安排。

停筆即是家

心有餘溫，萬里孤騎終須回。用一年說完15天的新疆記憶，筆一停，即回返到家。

眼睛一雙，已追逐過塞外的大山大水，稿件不看，頭偏向一旁，瞧著當書桌的餐桌，核桃木肌理依舊，對她說聲：「我回來了。」

五. 附錄

中國全圖

烏魯木齊 ●

喀什 **新疆維吾爾自治區**
Xinjiang

北京 ●

成都 ●

台北 ●

深圳 ●
澳門 ●

新疆分區圖

俄羅斯

哈薩克斯坦

蒙古

• 阿勒泰巿

阿勒泰地區

伊犁哈薩克自治州

內蒙古

• 克拉瑪依

塔城地區

昌吉回族自治州

博爾塔拉蒙古自治州

吉爾吉斯斯坦

• 奎屯

吐魯番

哈密地區

• 伊寧

烏魯木齊

吐魯番地區

• 哈密

庫爾勒 •

甘肅

阿克蘇地區

庫車

塔吉克斯坦

克孜勒蘇柯
爾克孜自治州

阿圖什
喀什 • 伽師

阿克蘇

巴音郭楞蒙古自治州

喀什地區

塔什庫爾干
葉城

和田

民豐

青海

和田地區

西藏

阿富汗

巴基斯坦

印度

我的烏市往喀什火車票，指南針標示N946列車正往西南方向前進

交通安排

如何抵達最西

從台北出發，背包客要如何進新疆，開始塞外的探索？在兩岸尚未直接通航之前，一般說來，交通工具的組合不外乎：

■以飛機為主，從烏魯木齊進新疆

飛經第三地轉機，如先到香港、澳門。而後以水路、空路、或陸路接駁至深圳或廣州轉飛烏魯木齊。若一切順利，早上7、8點從台北起飛，晚上10、11點就可抵達。

另外，第三地亦可考慮借道韓國，大韓航空有台北飛首爾轉烏魯木齊的航班。從2001年開始，每年5~10月，某些大陸航空公司會推每週一班的香港-烏魯木齊直航包機，台灣雖有旅行社代理這種機票，但因購票搭配條件每年不一，使用上需特別小心。

國際或中國其他城市要搭飛機到喀什、阿勒泰、庫爾勒、或伊寧等新疆城市，還是必須先到烏魯木齊轉區間航班。

■以火車為主，從西安出發的經典絲路

若您的時間充足，少則三天，多則五日，經香港或澳門到廣州後，接上火車，北上西安，走一趟經典絲路長征：西出蘭州、渡黃河、沿河西走廊至敦煌，走訪莫高窟、鳴沙山、月牙泉，而後繼續西行，過哈密、吐魯番，抵達烏魯木齊，或在吐魯番轉車，更西可延伸至喀什。

附錄

最西境內交通

新疆地大，在城點間自助遊移，通常可以選擇火車或是長途大巴，有時為節省時間，飛機也可以考慮。至於從大城出發的週邊景點，為不失彈性而得盡興，則可採包車形式。

結伴或是獨行

有人問遊新疆：是結伴好？還是獨行好？

結伴或獨行，樂趣不同，端看您是不是能樂在其中。但是肯定的一點，就是結伴的費用一定比獨行要低，特別是新疆當地的包車費用，多日下來，相當可觀，但搭長途巴士，自由度又大大受限。所以若經費是一大考量，最好還是結伴同行。

結伴的形式，可以自己組一或兩車規模的團（吉普車4人、金杯車7人、中巴10數人），也可以參加當地深度旅遊團。在背包客聚集的賓館或是網吧，可以自己發起，或是加入由他人揪集的臨時團。若能藉此結識來自各地的同好，一段兼程成一世好友，會是難得而值得的。

個人建議，若您的最西旅行時間夠長，則不妨規劃部分個人獨走，部分結伴，這樣，熱鬧繁華與孤單荒涼都嚐到了，豈不快哉？

我的整備

不同的時節，不同的地區行程，會讓旅行最西的準備有所不同，這尤其是表現在衣著上。在此列出筆者於2005年9月初出發前給同伴的準備清單，供您參考。

初秋最西裝備

基本上，我把這次新疆行的物品準備，當成是在台灣登百岳來看。在氣候方面，新疆9月初已經入秋，一般白天還好，晚上則一定氣溫下降(2005.8.20喀納斯氣溫18-4°C)，若再有幸遇到下雪，可能會有零下的氣溫出現。雖然北疆的緯度高，比較乾燥，但還是可類比在台灣氣溫個位數的狀況。

喔，在喀納斯地區，最糟可能有2~3天不能洗澡的情況發生。請準備「乾洗」用具。

與陳師傅同款的捷達車，陪我一同走過冰山幸福路

類別/品項	說明
行李容器	
登山背包	打算帶45+10L的登山背包，內、外可以塞比較多東西。
小 背 包	有時大背包放車上或旅館，就背小背包出門。 大小像攻頂包，也可以塞在登山背包內。
衣 物	
排 汗 衣	登山必備，長袖或短袖，可當內衣穿。 至於帶幾件，就視自己可以忍受重複穿幾天與 是不是打算洗衣服而定。自己原本就有三件，全帶。
羽 絨 衣	氣溫真低時，拿出來穿，收納也輕便。(後記：全程未用)
Gore-tex風衣	也可當雨衣用，旅遊聖品。
登 山 褲	透風、排汗。
牛 仔 褲	都市穿。
短 褲	平常睡覺穿。
內 褲	再帶些紙內褲搭配。
T-Shirt	也可當內衣穿。
毛 帽	防寒、擋風用。
頭 巾	遮陽用。(後記：山區騎馬遮塵很好用)
登山鞋或運動鞋	建議是高筒的鞋子，因為山區即使晚上不下雨， 早晨小草上的露水會把鞋子打濕(聽來的)。
涼 鞋	最好是登山涼鞋。
襪 子	若干雙。
口 罩	擋風、擋臭用。(後記：女性上野外克難洗手間必備)
手 套	防寒、擋風用。

類別/品項	說明
藥品/清潔用品	
保 濟 丸	散裝。
洗 衣 粉	小量散裝。
乾 洗 露	無水洗手乳，平常吃飯前，不用水就可以清潔。
濕 紙 巾	若不能洗澡，這個用處就大啦，乾洗聖品。
漱 口 水	沒水刷牙時可用。
牙膏/牙刷	方便旅行用的。
毛 巾	洗臉、擦身用。
旅行清潔組	沐浴/洗髮/洗臉。
牙 線	個人習慣。
面 紙	若干包。
垃 圾 袋	裝髒衣服用。
防 曬 油	怕曬傷就帶。
攝影器材	
機 身	Canon 300D，含充電器。
廣角鏡頭	Sigma 18-125mm。(後記：幾乎都用這顆；感謝JL出借)
定焦鏡頭	Canon 50mm。(後記：幾乎沒用)
偏 光 鏡	Marumi CPL(D) 62mm。
300D電池	3顆(感謝JL、Cary出借)。
300D快門線	Canon RS-60E3。
CF Card	512 MB X 1；1GB X 2 (感謝JL、Cary出借)。
Image Tank	6GB(感謝JL出借)。
腳 架	輕型 (Velbon MAX i 347GB；1.2KG)。
拭 鏡 紙	清潔鏡頭。
吹 氣 球	清潔鏡頭、機身。
塑 膠 袋	裝相機、鏡頭，防沙、防水。

附錄

類別/品項	說明
通訊器材	
手　機	含充電器。
神州行SIM Card	個人先前至大陸出差用的可充值預付卡門號 (+86-135xxxxxxxx)。在大陸機場都買得到手機 預付卡，最好是中國移動的門號。須注意是否可撥打 全中國，或是只能在單一省份使用。另外，能不能 撥打或送短信至國外，也最好在購買前先問清楚。
PDA	輸入各項資料；先充好電。
飲料/餐具	
二合一咖啡包	至少每天一包的量。
麥　片　粥	若干包。
桂圓茶包	若干包。
鋼碗/鋼筷/湯匙組	泡麵、沖咖啡、喝開水用。
水　　壺	容量1000CC，可裝熱水。
證件/通行	
護　　照	注意有效期。
台　胞　證	當然要先辦好簽證。
身　分　證	交際用。有些大陸同胞喜歡看台胞的身分證有何不同。
兩吋照片	預防補證需要。
機票/船票	全程都帶。
航班行程	含旅行社與航空公司聯繫電話。
攜　程　卡	含手冊。

類別/品項	說明
現金/塑膠貨幣	
人 民 幣	可在香港或澳門機場兌換。
美 金	若干備用(新疆只有在特定的中國銀行分點才可以用美金兌換人民幣)。
新 台 幣	若干備用。
銀聯金融卡	個人的大陸人民幣戶頭;銀聯表示可在全中國跨行提款。建議有帶大筆人民幣者,可以憑台胞證在大陸機場的銀行櫃檯辦一張銀聯金融卡,把現金存進去,有需要時再提取,以降低風險。
國際信用卡	帶一張VISA或MasterCard。
Priority Pass	若在香港過境時間太長,就去貴賓室休息。
其他	
瑞 士 刀	含指南針;必須托運。
頭 燈	荒郊野外晚上摸黑用。
書	新疆旅遊資料與自己喜歡的路上讀物。
行程與聯繫資料	列印放L夾。
筆/筆記本	寫札記用。
名 片	不知道何時,但應該會用到。
太陽眼鏡	新疆太陽可能晚上9、10點才下山,日照時間長。(後記:日照時間長沒錯,但幾乎都在看景、拍照,全程無用)
電 子 錶	防水,有鬧鐘功能。
選 項	
睡 袋	若嫌住宿的被褥不乾淨,就自備登山用的輕巧型。當然要背包放得下才考慮,不然羽絨衣也可以充當一下。自己考慮看看。(後記:全程無用)

附錄

心情整備

哪裡不能玩？嘗自以為，別人雙腳能到的地方，我亦可至。但事實上，這樣的自信，必須以審慎評估過後的安全做基礎。余純順能夠孤身徒步全中國，我不一定行，雪巴人可以攀登珠穆朗瑪峰，我不一定行。

最西的許多地方，即使平時，也是人煙罕至之境，沙漠、高山、冰川、海子、草原深處，初來乍到，應敬畏三分，不可莽行。

基本上，選擇自助旅行的人，不管是結伴還是獨行，打開眼睛，放開心胸，是成就一段愉快旅程的必要條件。行程上的計畫，可能趕不上臨場的許多變化，保持隨遇而安的心情，讓自己立於不敗之地。

最西地廣，在交通工具上必然會耗去不少的時間。準備好了嗎？是要一個人歡喜自處，還是與陌生或熟人共熱一番？

314國道1552公里路碑，右轉10公里到奧依塔克，前行223公里就是塔什庫爾干

我的資訊

行程從規劃到定案，這裡有些資訊，供您參考。

1. 資料蒐集與研讀

行程的擬定，跟可以旅行的天數有絕大的關係。長、短天數，走法各異。再加上策劃的人，肯定有自己的愛好，自然、人文、飲食、購物，體驗重點不同，行程就可不同。

以下列出兩個網站，上面有許多背包客(大陸稱驢友)的自助遊攻略、包車師傅推薦、交流討論，以他人的經驗出發，可以快速地讓您規劃出第一版的行程：

〉背包客棧新疆絲路版：
http://www.backpackers.com.tw/forum/viewforum.php?f=83

〉攜程網社區(搜找新疆的遊記或攻略；簡體與繁體)：
http://www.ctrip.com/Community/CommunityHome.asp

〉背包客網站-新疆自治區攻略(簡體)：
http://www.beibaoke.com.cn/c14.aspx

書籍也是不可或缺的，以下是2005年我在規劃行程時所參考的書籍：

《絕色喀納斯》(天鏡/繁體)；參考度 ★★★ ／ 文字 ★★★ ／ 精美度 ★★★
《新疆盛宴》(立緒/繁體)；參考度 ★★★ ／ 文字 ★★ ／ 精美度 ★★
《中國自助遊 2003 版》(中國友誼/簡體)；參考度 ★ ／ 文字 ★ ／ 精美度 ★

2. 行程出爐與修訂

第一版的行程出爐後，可以貼在如上的網站討論區中，請有類似旅行經驗的網友幫您看看。若中間規劃有包車，應該早日連絡師傅，除就價格、車輛規格進行確認外，並請師傅點評行程，給予修正建議，或加入私人景點。好的師傅帶你上天堂，此乃實話。

3. 飛機航班確認

除了透過台灣的旅行社訂開機票、船票外，
您也可以自行利用下列網站訂開票：

〉 發現中國：
http://www.findchina.cn/forum

〉 大陸機票售票處：
http://www.tkcenter.com

〉 ez Travel：
http://www.eztravel.com.tw

〉 玉山票務：
http://www.ysticket.com

〉 攜程網(可在大陸各機場櫃點以現金拿票，不收國際信用卡)：
http://www.ctrip.com

至於火車路線與時刻，可參考高參火車路線網站：http://www.gaocan.com。

由於大陸火車票務都已電腦化，票不一定要在起始站買，所以若有必要，還可
以請師傅代訂新疆各地區的火車票。

4. 住宿

若是包車遊新疆，只要事先跟師傅溝通好住宿的條件要求，一般說來，問題不大。很重要的一件事：離開烏魯木齊，就該把星級的大酒店忘掉，在新疆其他各地，儘量只要求被褥乾淨，全天供應熱水即可。

若是必須自己安排住宿，在上述各網站中，相信您可以找到不少實用的資訊。有一件事情必須提醒，持台胞證的人，照大陸當局規定，只能住涉外酒店、賓館，一般的招待所是不能入住的，否則查到的話，老闆是要罰錢的。若有時遇到可行之方便，那要算幸運。

其他參考網站

〉新疆新聞總匯 - 天山網：
http://www.tianshannet.com.cn

〉新疆專業氣象服務網：
http://www.qx121.cn

〉新疆各地旅遊地圖：
http://www.xjtanxian.com/map
http://www.91trip.com/map/default.asp?provinceid=38

〉喀納斯環境與旅遊管理局：
http://www.kns.gov.cn

其他參考書籍

《塔什庫爾干 - 高天下的太陽部落》(陝西師範大學出版社/簡體)
《新疆歷史百問》(新疆美術攝影出版社/簡體)
《新疆維吾爾自治區旅遊交通》(哈爾濱地圖出版社/簡體)
《新疆維吾爾自治區交通圖冊》(成都地圖出版社/簡體)

附錄

預約下次的最西行程

一切與季節大大有關。在秋高氣爽的淡水，計畫著下一次某年的最西春夏之旅。這次不戀秋黃，想磨蹭一把春夏怒放的野花，強聞充腦的果香，過冰雪猶殘的天山達坂，看一回天鵝悠游，穿越死亡沙漠，用胡楊來見證不朽；但還想見到喀什老城區的天使們，以及走在帕米爾大街的紅衣姑娘。

最西行止總圖

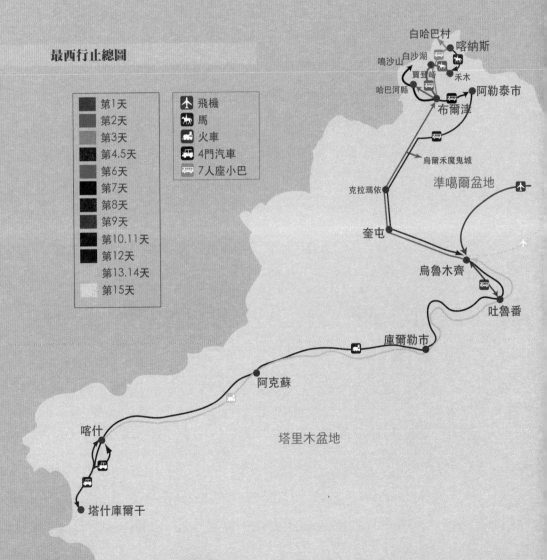

	第1天	
	第2天	
	第3天	
	第4.5天	
	第6天	
	第7天	
	第8天	
	第9天	
	第10.11天	
	第12天	
	第13.14天	
	第15天	

✈ 飛機
🐎 馬
🚂 火車
🚗 4門汽車
🚐 7人座小巴

白哈巴村
喀納斯
鳴沙山 白沙湖
賈登峪
禾木
哈巴河縣
阿勒泰市
布爾津
烏爾禾魔鬼城
準噶爾盆地
克拉瑪依
奎屯
烏魯木齊
吐魯番
庫爾勒市
阿克蘇
塔里木盆地
喀什
塔什庫爾干

Day	行程	附註
1.	台北-香港 香港-深圳 深圳-烏魯木齊 宿：烏魯木齊	飛機 飛船 飛機
2.	烏魯木齊-奎屯-獨山了-巴音溝-喬爾瑪-且特買口克-鞏乃斯林場 宿：鞏乃斯林場森林公園 遊：217國道獨庫公路前段景觀	523公里
3.	鞏乃斯林場-且特買日克-烏蘭恩根鎮-巴音布魯克草原 宿：天鵝湖畔 遊：早遊鞏乃斯林場森林公園、午後大草原、黃昏天鵝湖	160公里
4.	巴音布魯克草原-烏蘭恩根鎮-庫車 宿：庫車 遊：早拍天鵝湖、大小龍池、天山大峽谷	320公里
5.	庫車、週邊一日遊 宿：庫車 遊：庫車老城、克孜爾千佛洞、克孜爾尕哈烽燧	160公里 最好安排遇到 週五巴扎
6.	庫車-輪台-(塔里木沙漠公路)民豐 宿：民豐 遊：胡楊林公園、塔克拉瑪干沙漠、牙通古斯村	745公里
7.	民豐-于田-策勒-洛浦-和田 宿：和田 遊：于田老城/巴扎、和田大巴扎、和田市郊千里葡萄長廊	297公里 最好安排遇到週日 和田大巴扎
8.	和田-墨玉-葉城-莎車-英吉沙-喀什 宿：喀什 遊：莎車老城、喀什	510公里
9.	喀什-塔什庫爾干 宿：塔什庫爾干 遊：奧依塔克風景區、帕米爾高原	334公里
10.	塔什庫爾干-紅其拉甫-喀什 宿：喀什 遊：紅其拉甫口岸、帕米爾高原	544公里

附錄

Day	行程	附註
11.	喀什 宿：喀什 遊：喀什亂走，閒適過一天	
12.	喀什-阿圖什-阿克蘇-溫宿-溫宿神木園-溫宿-阿克蘇 宿：阿克蘇 遊：溫宿神木園	633公里
13.	阿克蘇-拜城-克孜爾-黑英山-特克斯-昭蘇 宿：昭蘇 遊：翻越天山(黑英山-阿克庫勒-畜牧場里程未知)、 　　特克斯八卦城	407+?公里
14.	昭蘇-察布查爾-伊寧 宿：伊寧 遊：昭蘇草原、翻越烏孫山、察布查爾錫伯族、 　　伊寧巴扎、伊犂河日落	136公里
15.	伊寧-霍城-霍爾果斯口岸-蘆草溝-果子溝-松樹頭/三台 宿：松樹頭/三台(湖邊甋房) 遊：伊犂將軍府、惠遠古城、霍爾果斯口岸、 　　果子溝牧場、賽里木湖	183/203公里
16.	松樹頭/三台-賽北堡-溫泉-博樂-阿拉山口-博樂 宿：博樂 遊：賽里木湖、泡湯、阿拉山口、艾比湖	335/315公里
17.	博樂-精河-烏蘇-昌吉-阜康-五彩灣-火燒山-烏魯木齊 宿：烏魯木齊 遊：黃昏拍五彩灣、火燒山	781公里
18.	烏魯木齊 宿：烏魯木齊 遊：烏魯木齊亂走，閒適過一天	
19.	烏魯木齊-深圳 深圳-香港 香港-台北	飛機 飛船 飛機
		返家

六. 索引

北疆

南疆

過往的旅程，我習於從書出發。謝謝您翻閱本書，
追行逐頁的眼光，為這趟旅行，更添意義。

我的最西之旅，暫告結束，或許你的，正要開始。
一書得成，Lesley與Akira雙編居功；蔣太太，
妳的眼光獨具，予我，多所啟發。

蔣居裕　于淡水
2006.12.24

嬉‧生活 011
Chic

是一種需求、一種態度、一種潮流

最西‧新疆記憶

作　　者	蔣居裕	
美術設計	銘島設計工作室　Ming Island Design	
總 編 輯	林秀禎	
編　　輯	李欣蓉	
出 版 者	英屬維京群島商高寶國際有限公司台灣分公司	
	Global Group Holdings, Ltd.	
地　　址	台北市內湖區洲子街88號3樓	
網　　址	gobooks.com.tw	
E - mail	readers@gobooks.com.tw＜讀者服務部＞	
	Pr@gobooks.com.tw＜公關諮詢部＞	
電　　話	（02）2799-2788	
電　　傳	出版部（02）27990909	
	業務部（02）27993088	
郵政劃撥	19394552	
戶　　名	英屬維京群島商高寶國際有限公司台灣分公司	
發　　行	高寶書版集團發行/Printed in Taiwan	
初版日期	2007年01月	

國家圖書館出版品預行編目資料

最西‧新疆記憶 / 蔣居裕 著.
-- 初版. -- 臺北市：高寶國際, 2007[民96]
面； 公分. --（嬉生活；C1011）
ISBN：986-185-024-4(平裝)
新疆 - 描述與遊記

676.16　　　　　　　　　　95025314

最西・新疆記憶

Xinjiang

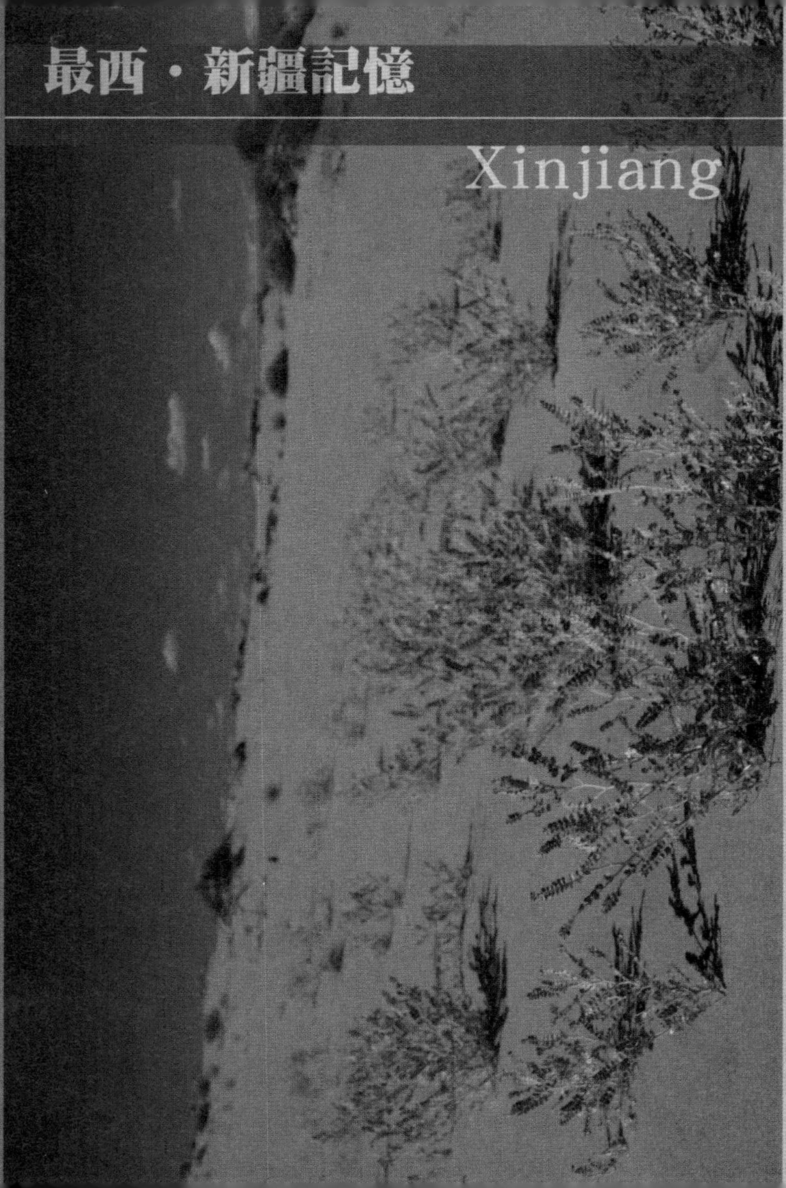

最西・新疆記憶

Xinjiang